Educando con sencillez

Y construyendo nuestra identidad familiar

Proyecto educativo de una familia real y actual que quiere ser feliz, combinando herencia y voluntad

Claire Pérez de Scannone

A mis padres, mis fundadores; a mis hijos, mis motores;
y a ti, Héctor, mi amor, mi amigo y mi compañero.

¡Reconócelo! No existen las familias ni los padres perfectos,
pero sí existen familias que luchan por ser mejores y sobre todo
que luchan por ser buenas y felices.

Contenido

Prólogo

Querido lector, como padre de familia no puedo sino emocionarme cuando disfruto, leyendo y releyendo el primer libro que les ofrece esta pujante joven madre y profesional educadora que nos envió Dios como uno de los cuatro milagros que nos regaló, ensanchándonos el corazón en cada oportunidad para, una vez más, seguir ensanchando nuestros corazones, al verla entregarse en alma y vida a su "alma gemela" a quien queremos a todo dar.

Formarla junto con sus tres hermanos fue una aventura que repetiríamos una y mil veces porque **¡valió la pena!** viéndola crecer y transformarse en una profesional que ha sabido *educar con sencillez* a su familia.

Digo con mi esposa Claire —Mamina— que *valió la pena* porque no estábamos preparados para semejante responsabilidad en un momento de nuestras vidas en el que la complejidad para formar sin perder la alegría nos puso la vida "de cuadritos". Y tuvimos que rogar a Dios al tiempo que nos dispusimos, una vez más, a estudiar con profundidad, esta vez, sobre *cómo ser padres amorosos y no naufragar en el intento*.

Queridísimos lectores, un consejo para todos: la oración sin esfuerzo no produce los frutos sobrenaturales que nos pide Dios cuando nos reparte los talentos de la vida que incluye a nuestros hijos bien educados. Escuchen, léanlo despacito ¡Es necesario formarse, el secreto siempre estará en el cómo!

No sabemos cómo agradecer a tantas familias que nos vimos en pleno naufragio familiar y que nos reunimos en lo que llamamos el Instituto Panamericano De Estudios De Familia; el cual gracias a Dios, ahora sigue surcando los "mares" de la educación brindado oportunidades de formación a muchísimas familias que han seguido llegando para tomar agua del pozo de la *sabiduría* inagotable que el Señor ha dejado para la salud de cada generación.

Tenemos una deuda de agradecimiento con el IPEF que encarnaron Yayita Domínguez y Ninoska Christiansen, pero también con cada una de esas familias que se acercaron a resolver este exigente acertijo de **educar** con amor a sus cónyuges e hijos.

Todos aprendimos que no hay fórmulas, pero en cada familia hay recetas para que esa obra tan maravillosa que ha puesto a andar Dios con nuestras familias, produzca los frutos sobrenaturales que en definitiva son las bases de la alegría que brinda la paz interior a todos.

Mientras leíamos esta amorosa aventura de Claire y Héctor con sus extraordinarios cinco hijos, a quienes también amamos a plenitud, al igual que lo hacemos con nuestros otros cinco nietos y dos maravillosas nueras, no dejaba de llegar a mis pensamientos, el extraordinario pasaje en el que Jacob —Israel— ya en su lecho de muerte, sintió la necesidad de preguntarle a sus doce hijos si sabían qué era lo realmente importante en sus vidas, y ellos le dicen *"Escucha Israel, El Señor es nuestro Dios, El Señor es uno, amarás al Señor con todo tu corazón, con toda tu alma y con todas tus fuerzas; y responde ya expirando Israel: bendito sea El Señor"*.

Yo no sé, estimado lector, si te confunde o no el traer un pasaje bíblico a esta reflexión, pero hagas lo que hagas, ten siempre la rectitud de intención de hacerlo por amor y eso es en lo que queremos que te fijes.

Encontrarás en estas líneas que leerás una aventura de amor, llena de pedagogías que deberían invitarte a poner todas tus fuerzas para que te conviertas en un padre de familia en modo de permanente realización, creciendo en fortaleza interior para superar los obstáculos de cada día con la alegría del que se sabe entregándolo todo amorosamente.

Es simplemente fascinante encontrar por escrito toda una estrategia para educar a nuestros hijos con sencillez.

Ojalá te tropieces con esta lectura en cualquier parte del universo que conectan estos medios modernos de difusión y te animes a "navegar" en la aventura de educar a tu familia para que la disfrutes a plenitud mientras la ves crecer. No existe un mayor regalo de Dios para quienes amamos apasionadamente verlo renovar el mundo.

Jesús Alberto Pérez Lavaud

Introducción

¡Hacer familia sí que se ha vuelto complicado en los tiempos de hoy! ¡Las cosas antes eran mucho más sencillas!

No había ni un sí ni un no para las familias de antes. Los padres sabían lo que había que hacer... Pero, ¿qué pasó de repente, que ahora estamos tan confundidos y enredados? Queremos lo mejor para nuestros hogares, pero nos hemos vuelto un rollo. ¡Cuán fácil sería si nos dieran la receta para poder formar y dirigir bien nuestros hogares! Las familias han evolucionado, ¡sí!, pero el camino se ha vuelto algo tortuoso en el intento de hacerlo bien o mejor que en el pasado.

Sencillez, sencillez, sencillez... es la cualidad que todos quisiéramos alcanzar. A veces coincido con todos aquellos que piensan que Héctor (mi esposo) y yo estamos locos... ¡Sí que estamos locos, pero locos de amor por nuestro matrimonio y nuestros cinco hijos!

La gente me dice: "es que tú eres relajada, por eso se te da lo de la familia". No sé qué tan cierto sea eso, más bien el que me conoce de cerca sabe que he pecado de perfeccionista como la mayoría de las madres y que tengo que lidiar con la frustración o la famosa culpa al intentar llegar a todo y evidentemente no lograrlo.

Pero también es verdad que cuando empiezas a hacer cualquier cosa le vas agarrando el truco; con cada hijo te vas desenvolviendo mejor porque *aprendes lo que de verdad importa y a eso le prestas* **atención**; a la vez, vas creando esa manera que te funciona y empiezas a descartar todo lo que complica el proceso haciéndolo un poco más eficiente.

No sé si pueda dejarles con este libro esa receta que tanto queremos todos para poder *educar con sencillez*. De hecho, creo que no lo lograré, principalmente porque cada familia es única y diferente.

Pero sí intentaré exponer algunas ideas y el compendio de las cosas que nosotros hemos ido descubriendo e incorporando en nuestro hacer-familia y que quizás puedan iluminar su camino en alguno que otro aspecto.

La sencillez busca claridad y transparencia, es por eso que una persona o familia sencilla se da a conocer tal cual es y muestra congruencia entre su intimidad y la forma como se manifiesta a los demás.

Así es como les puedo adelantar que la clave para convertirnos en familias sencillas está en **conocer bien nuestra familia y su identidad.**

Esa identidad familiar se vive, se va formando naturalmente, sin embargo, al igual que una persona, la familia no es "de determinada manera" desde un principio: hace falta tiempo. Es por eso que vale la pena traer a la conciencia *cómo concebimos nuestro estilo, cómo quisiéramos que fuese y cómo entonces podríamos mejorarlo.*

Podemos hacer una lista de los valores, tradiciones o hábitos y virtudes que queremos que se fomenten en nuestro hogar.

Los procesos de identidad tienen que ver con mecanismos de continuidad, por eso nuestro origen y las cosas que se han transmitido de una generación a otra tienen una gran influencia sobre lo que somos.

La idea de escribir este libro vino luego de varios años de haber fundado mi familia y comenzar la "escuela" Scannone Pérez. Una idea que fue creciendo, madurando y agarrando forma a lo largo del tiempo.

Siendo de los primeros en comenzar a tener hijos de entre nuestros hermanos, primos y amigos, ahora a menudo muchos nos hacen preguntas tales como: ¿y cómo hacen? ¡Se veía tan fácil! ¿Alguna vez fue caótico para ustedes?

Nadie aprende totalmente de la experiencia del otro, sin embargo, cada quien se puede formar y educar para mejorar o guiar el rumbo que lleva hacia un nuevo lugar o hacia donde quiere.

En nuestra familia existen oportunidades de mejoras inmensas; resulta que la vida no es lineal, siempre habrá altos y bajos. Luchamos y convivimos con defectos, impulsos, contrariedades, emociones, errores, situaciones de estrés y ansiedad; pero también celebramos aprendizajes, logros, aciertos y gozamos de mucha alegría y diversión.

No faltan los días en los que perdemos el control, la calma, o aparezcan las incertidumbres y hasta las ganas de llorar; pero no faltan tampoco los días felices, los sentimientos de orgullo, de amor, situaciones de tranquilidad y disfrute (pues en las familias las penas se comparten y las alegrías se multiplican).

Hacer familia es exigente, pero el amor nos irá impulsando a encontrar los caminos que nos convienen. A nosotros, a pesar de las conocidas dificultades que supone hacer-familia, nos gusta mostrar el lado *bueno* y que se puede ser *feliz*, de hecho **muy feliz** a lo largo del camino.

Como cada familia es única y bella en sí misma, no a todos les funciona lo mismo. Como les dije, en este libro encontrarán el compendio de lo que en cierto sentido a nosotros nos ha ayudado, dirigido y contribuido en la formación de la nuestra. Pido disculpas de una vez si se encuentran con el toque filosófico y educativo que generalmente no sé cómo evitar plasmar, porque va unido a mi personalidad.

Pero prometo contarles diferentes anécdotas con las que nos conocerán mejor y con las que puedan ver hecho vida mucho de todo lo que por aquí comparto. Finalmente, deseo que puedan disfrutar de estas líneas tanto como yo he disfrutado al escribirlas.

1.

El comienzo de la historia familiar

Cuando tenía 19 años conocí a Héctor en una fiesta. Yo no había tenido novio hasta entonces, siempre había sido como muy seria con estos temas, o quizás no seria, sino más racional que emocional. Héctor y yo vivíamos en ciudades distintas, por lo que no me mostré interesada; pero al tiempo nos volvimos a encontrar y comenzamos a salir hasta que nos hicimos novios. A los tres años nos casamos y nos fuimos a Boston mientras Héctor terminaba un postgrado que había comenzado año y medio atrás. Recordamos de modo muy especial esos meses porque nos compenetramos mejor que nunca. Fue como una luna de miel extendida, porque durante nuestro noviazgo hubo mucha distancia. Ahora éramos nosotros dos únicamente, disfrutándonos.

Pasados siete meses y ya de vuelta en Caracas, donde habíamos decidido instalarnos para vivir, supimos que pasaríamos a ser tres... a partir de ese momento comenzaría nuestra aventura de ser padres.

Aunque parecía que era una niña, hoy puedo decir que es simplemente impresionante cómo de pronto, cuando tienes a tu hijo en brazos, te nace un instinto que quizá se viene madurando durante todo el embarazo.

"Dicen los neurocientíficos que las niñas, en sus primeros meses de vida, concentran su atención en el rostro y en las tonalidades de la voz, y desde muy pronto aprenden a distinguir las tonalidades emotivas".[1]

> Las madres sabemos *identificar* lo que siente un hijo y por eso nos conectamos con su mundo emocional de modo natural. Aprendemos a conocer qué motiva el llanto de nuestro bebé: si es hambre, sueño, incomodidad, dolor; pero también somos las primeras en notar cuando se siente satisfecho y feliz.

---

[1] Sanchez, I. (2020). *Mujeres brújula en un bosque de retos*. Ideas para superar la adversidad. (2da ed.) (p. 37) Barcelona: España.

Todos y cada uno de mis días son **una verdadera aventura**, un camino de vivencias y experiencias increíbles. Ser madre ha sacado grandes cosas de mí. Me impresionan las capacidades que una madre puede ir desarrollando por un hijo; entre otras, la motivación de hacernos mejores.

Cuando digo una verdadera aventura, lo digo en serio, pues hay días que son los mejores de mi vida y otros, los más angustiosos, tensos y difíciles.

Cuando un hijo llega todo cambia, y los padres debemos reorganizar nuestras vidas, pues debemos coordinar lo que ya hacíamos con una nueva cantidad de cosas como los controles pediátricos, las fiebres o enfermedades del bebé, un sinfín de pañales por cambiar, horarios descontrolados, cantidad de juguetes por todos lados, angustias porque tu hijo no engorda, crece o come bien, los peligros, las diferencias de carácter, los llantos, las malcriadeces, la apatía, el mal uso de la libertad, emociones positivas y negativas, presiones económicas y más.

Todo esto lo digo para ponerlos en contexto desde el inicio de lo que es hoy en día mi familia y mostrarles que el camino que recorremos es normal e igual al de todos los padres, pues en el fondo, lo que realmente buscamos *es lo mejor para nuestros hijos y nuestros hogares.*

También para dejar unas preguntas y reflexiones: ¿se puede ser feliz en medio del caos que nos llega junto al nuevo estatus de padres? ¿Cómo lograr enfrentar con buena actitud —si no la tienes o la has perdido— las dificultades o contrariedades? ¿Podemos controlarlo todo? ¿Puedo lograr que mis hijos sean felices y libres? Si mi esposo y yo cometemos tantos errores, ¿cómo lograremos educar bien a nuestros hijos? ¿Educamos pensando en que nos miran o validamos y aceptamos también nuestros defectos y los de nuestros hijos?

Educar es acompañar a alguien y descubrir las capacidades que tiene... es convertir a alguien en persona[2] y por eso es un **proceso artesanal,** pues la persona es única —razón por la cual debemos educar de modo personalizado e individual—. Para mí lo más bonito de todo es entender que lo *artesanal incluye imperfecciones*; se valora así el proceso y se comprende que los logros pueden haber significado un gran esfuerzo tanto para los hijos como para los padres.

---

[2] Audio libros y más. (30 de julio de 2022). Enrique Rojas Montes: *Cuántos tipos de inteligencia existen en el ser humano* [Archivo de video]. Youtube. https://www.youtube.com/watch?v=BvhlFBJ2ZL8

Pero no nos debemos conformar tampoco y siempre hay que trabajar para que nuestros hijos obtengan los hábitos y las herramientas que necesitarán en su vida.

2.

Y ahora que somos padres ¿quién nos enseña cómo se hace eso?

Aunque ninguno de nosotros ha estudiado para ser padre, lo cierto es que desde el día en que nacemos estamos, sin saberlo, en una escuela de familia, que no es otra cosa que la experiencia de lo que vivimos en el lugar en el que hemos crecido.

Así, cuando llega el tiempo de formar la propia familia, es el momento de unir dos escuelas: "las de ambas familias" para entonces ir creando la de los hijos.

Sin necesidad de mucho estudio, pero con gran esfuerzo y uso del sentido común, poco a poco vamos escogiendo qué cosas personales incluimos y cuáles no, al igual que aquellas que se incluirán por influencia de nuestro cónyuge o no.

> El resultado de todo esto es lo que yo llamo la base de una *identidad familiar* que es lo que va a encaminar o llevar a una familia a un determinado lugar, haciéndolo de una forma particular, individual y única.

Sin embargo, sentimos que eso no es suficiente, porque nos vamos llenando de dudas desde el momento en que comienza la paternidad. Constantemente sentimos la necesidad de encontrar respuestas a las preguntas que tenemos y validar si lo estamos haciendo bien o mal.

Incluso desde el embarazo. Siempre he pensado en lo importante que son esos nueve meses, sobre todo para la madre primeriza, pues al final de cuentas es la perfecta preparación para lo que se viene: la vida de padres.

Un hijo no llega de la noche a la mañana, no te acuestas a dormir un día, y a la mañana siguiente tienes un bebé en brazos. Esos nueve meses permiten prepararnos en muchos aspectos. Mes a mes vamos generando un vínculo con nuestro hijo, experimentamos cambios en el cuerpo, en la forma de dormir, empezamos a "educarnos" en ciertas cosas como el parto o la lactancia y comenzamos a hacernos muchas preguntas.

Recuerdo que el día antes de dar a luz a mi primer bebé, Mama —la abuela de Héctor— nos dijo: "mañana sabrán lo que significa el amor de padres, y también conocerán lo que significa la verdadera preocupación", y siguió diciendo: "yo todavía, a mis ochenta y tantos años de edad, me preocupo por Pablo" (refiriéndose a su hijo mayor, quien tenía más de sesenta años para el momento).

No se me olvidan esas palabras, porque las he vivido desde el día uno de mi maternidad, a pesar de que, de algún modo, creo que vamos adquiriendo la capacidad de resolver lo que nos toca. Aunque la paternidad no venga con un manual de instrucciones, creo que hay que poner los medios para **aprender** a hacerlo de la mejor manera que podamos.

Cada vez que enfrento algo nuevo, me acuerdo de esas palabras y entiendo por qué nos las dijeron. No se puede predecir lo que sucederá, sin embargo, la cantidad de situaciones nuevas que surgen en el camino son las que nos mantienen en *constante aprendizaje*.

Tenemos las herramientas de cómo fuimos educados e inconscientemente imitamos los patrones, sin embargo, nuestro hogar es *único*, porque viene de la unión de dos familias y de dos estilos, por eso no necesariamente lo que funcionó a nuestros padres funcionará con nuestros hijos —además cada generación trae consigo sus propias características y sus propios retos—. Es por eso que al momento de formar la propia familia necesitamos escoger lo que copiaremos y a la vez *profundizar en lo que no sabemos hacer*.

FORMARNOS Y ENCONTRAR UN ESTILO EDUCATIVO

Para aprender sobre lo que no sabemos hacer, debemos estar abiertos y ser creativos. Por ejemplo, en los colegios de nuestros hijos seguramente organicen cursos, charlas, clases, talleres, seminarios, ponencias, etc. sobre algunos temas educativos muy útiles que podemos tomar y aprovechar.

También iremos leyendo algunos libros, escuchando a distintas personas que serán referencia para nosotros y hasta consultaremos con expertos en orientación familiar o incluso especialistas en áreas de la salud o la conducta y desarrollo.

La formación de padres es una manera de lograr alinearnos sobre el *estilo educativo* o las formas en cómo vamos a educar a nuestros hijos. Es **muy importante** que estemos de acuerdo y coincidamos en la dirección que tomaremos, para que nuestros hijos tengan claro por dónde deben transitar —por más rebelde u opositor que sea un hijo, no podrá contra aquello en que sus dos padres estén sólidamente de acuerdo—.

Nosotros participamos por dos años en un programa del IFFD (International Federation For Family Development) organizado en Venezuela por Familias para Familias que nos encantó, porque allí nos encontramos con otras familias que tenían inquietudes parecidas a las nuestras.

Ahora estamos por terminar un programa del IPEF (Instituto Panamericano de Estudios de Familia), también de dos años, en el que hemos ido aprendiendo junto a mis tíos Luisaura y José Rafael —nuestro asesor[3] — a hacer planes de acción sobre aspectos que queremos mejorar en la casa.

Se puede decir que crecí rodeada del IPEF porque mis padres fueron pioneros y actualmente mi papá es también uno de sus asesores. De ahí es de donde me viene, principalmente, la vena formadora.

> Luego de cursar estos medios formativos, hemos concluido que nos enfocaremos y buscaremos ser padres con autoridad que quieren formar hijos libres, independientes y felices, a través de un *estilo educativo democrático.*

Encontrar el equilibrio y aplicar un estilo educativo democrático no es fácil. Por un lado, si somos muy *permisivos*, podríamos caer en criar niños déspotas, impulsivos en las decisiones y a la larga inseguros de sí mismos.

Por el otro, en cambio, si somos *autoritarios*, criaremos niños sin la capacidad de entender el porqué de las cosas, ni responsables de sus acciones, pues actuarán obligados o como dicen "bajo amenaza" y no por voluntad propia.

En ese sentido, el estilo democrático implica un buen ejercicio de **autoridad**, que sería esa media donde los padres toman en cuenta al niño, sus intereses, emociones y lo que es bueno o realmente

---

[3] Es de Faen —como le conoce la mayoría de la gente— de quien quizás interioricé la idea de la importancia de la lucha: "no hace falta ser perfectos, basta con que nuestros hijos noten que nos esforzamos en alcanzar cualquier cosa que nos propongamos o que nos cueste".

conveniente para él. La meta del padre es formar un hijo *independiente* que sepa elegir *libremente* el **bien** para **autorrealizarse**[4] como persona.

Pero para llegar adonde queremos, primero debemos poder responder a la pregunta ¿qué es autorrealizarse? Sin temor a equivocarme, me atrevería a asegurar que para todos los padres tendrá que ver con todo aquello que acerque a nuestro hijo a la **felicidad.**

Y es que ¿quién no quiere hijos felices? La pregunta ahora sería otra: ¿y cómo se logra eso?

En este punto es importante tener claro el concepto que tengamos sobre qué es la felicidad, pues dependiendo de eso orientaremos nuestros esfuerzos educativos por diferentes caminos.

Si felicidad es placer, logros, belleza, dinero o reconocimiento... seguramente nos esforzamos por educar niños con capacidades de éxito.

Sin embargo, debemos tener cuidado con dedicarnos solamente a formar hijos "exitosos", pues infinidad de testimonios de quienes lo han alcanzado han reconocido que no es suficiente. Sucede que todo lo anterior no logra jamás saciar a la persona, porque somos mucho más que cuerpo —siempre se necesitará más y más de todo lo "mundano"—.

Las mismas personas que reconocen que el éxito no ha sido suficiente, afirman que la única felicidad duradera que han experimentado es la que les viene como resultado de haberse sentido útiles. Aquella que viene como resultado del "querer" —de haber amado—.

Queda claro entonces que la educación *tiene que apuntar necesariamente a formar hijos que sepan* **amar.** Pues nuestros hijos alcanzarán la autorrealización cuando todos sus esfuerzos los lleven a compartir y a poner al servicio de otros (familia, país, sociedad, conocidos, necesitados) sus recursos, conocimientos, influencia, capacidades o valores —a fin de cuentas, todo lo **bueno** que alcancen a lo largo de sus vidas—.

---

[4] Educar viene de la palabra *educare* de latín que significa acompañar; y también de *educere* del latín moderno que significa sacar fuera, por tanto, educar es acompañar a alguien y descubrir las capacidades que tiene —*educar es seducir (convencer) a alguien con los* **valores** *que no pasan de moda*— (Enrique Rojas Montes).

En la medida en que los valores que enseñemos a nuestros hijos les ayuden a ser mejores personas —personas **buenas**—, estaremos colaborando con el alcance de su felicidad. Para eso debemos concientizar cuáles son esos valores que incluimos o forman parte de nuestra identidad familiar y cuál es el orden jerárquico que les damos (estudio, belleza, salud corporal, relaciones familiares y de amistad, relación con Dios, hábitos, virtudes, etc.). Y es que dependiendo del orden que les demos, nuestra manera de vivir se verá impactada —por ejemplo: si importan más las notas que ser honestos, nuestro hijo, así sea con trampa, buscará salir bien en sus estudios[5], o si el dinero es nuestro valor principal, entonces no importará dejar abandonados los espacios de compartir en familia o de ayudar en casa por el trabajo—.

Y, para finalizar, recordemos que la familia es una escuela que comienza cuando nacemos o nacen nuestros hijos y que nunca termina. Muchas de las cosas que aprenderán nuestros hijos necesitan de **tiempo**, y ellos nos observarán hasta el final de nuestras vidas. Por eso, seguiremos educando incluso después de la muerte gracias al **ejemplo** que dejemos.

---

[5] Christiansen, N. y Christiansen, F. (2023). *Educar para la vida honesta*. [Archivo de video]. Instagram.
https://www.instagram.com/tv/CrQprNqJtMm/?igshid=YjNmNGQ3MDY=)

3.

Hijos Independientes

Cuantas más cosas hagamos por nuestros hijos, más dependientes los educaremos. Pero no es fácil para las mamás actuar de otro modo, pues tendemos a sobreprotegerlos y vamos salvándolos de todo lo que podemos, porque en el fondo no queremos verlos sufrir.

Sin embargo, el tiempo y la experiencia nos van mostrando que nuestro rol como padres en realidad es enseñar a volar a nuestros hijos y que más bien les hacemos un daño enorme cuando no los dejamos.

Por eso nosotros estamos convencidos de que ayudarlos a ser **independientes** y acompañarlos en el proceso es en realidad la mejor manera de educarlos: aunque siempre contarán con nosotros, son ellos quienes deben despegar solos en un momento dado.

> La clave de la independencia es *que nuestro hijo aprenda a hacer todo lo que sea capaz de realizar por sus propios medios y lo ponga en práctica.*

Existen 3 pasos que se deben tomar en cuenta a la hora de exigir cualquier cosa[6].

1. Explicar:

Dar y decir las razones o mostrar la forma en cómo se hace lo que estamos exigiendo (cómo ordenar el cuarto, cómo limpiar el baño, cómo preparar una merienda).

2. Motivar:

"Cuando tu cuarto esté ordenado ahorrarás tiempo, porque encontrarás todo a la primera".

---

[6] EFA el Campico. (2014). Educar sin tiempo. Juan José Javaloyes [Archivo de video]. Youtube. https://www.youtube.com/watch?v=Ty-IlqK6rNQ

Recordemos que la mejor motivación se saca del logro en sí mismo y la satisfacción que se obtiene como consecuencia natural por el trabajo bien hecho o el esfuerzo realizado[7].

3. Capacidad:

Se deben tener las capacidades físicas o la maduración necesaria para poder hacer lo que estamos enseñando (un niño pequeño ordenará sus juguetes, un niño mediano podrá regar o recoger las hojas del jardín y un niño mayor podrá preparar una comida).

Por otro lado, hay que considerar que según la etapa en la que se encuentre nuestro hijo, los padres nos involucraremos de manera diferente en este camino de la *independencia*. Pues resulta que así como *asistirlos siempre* resulta dañino, sin darnos cuenta también podríamos exigirles más de la cuenta y caer en el *abandono*[8].

Se pueden resumir cinco etapas[9]: de cero a 18 meses **asistimos** a nuestro hijo prácticamente en todas las actividades (los bañamos, les damos de comer, los vestimos, etc.); a partir del año y medio hasta los 5 años aproximadamente, los **ayudamos** en la realización de las tareas (a vestirse, a lavarse los dientes, a alimentarse, etc.); a partir de los 5 años y hasta los 10 años, los **supervisamos** (estaremos pendientes de que puedan realizar *bien* el aseo personal, los deberes escolares, cumplir encargos... los podemos dirigir verbalmente e incluso corregir de ser necesario); a partir de los 10 años y durante toda la adolescencia, ya no hace falta que los ayudemos ni que los supervisemos, pero sí que les **acompañemos** con recordatorios de lo que deben hacer (en esta etapa los padres, más que directrices, debemos dar apoyo, consejo y demostrar nuestra comprensión); finalmente, llegados a la adultez, los padres **debemos soltar** y dejar que nuestros hijos ejerzan su **autonomía** plenamente (seguiremos acompañándolos las veces que lo necesiten y nos busquen, pero no debemos interferir en los procesos de independencia: en la adultez las personas nos hacemos responsables de las acciones que realizamos).

---

[7] La mejor manera de motivar es hacer ver a los hijos, *lo bueno que hay en lo bueno* (Francisco Christiansen).

[8] Pensemos en la pregunta: ¿mi hijo es **capaz** de hacer esto él solo? Entonces es algo que debe aprender y comenzar a poner en práctica.

[9] Franco, Ana María. (2023). *Las 5 etapas de la crianza*. [Archivo de video]. Instagram. https://www.instagram.com/reel/CnUt4gFKqED/?igshid=YmMyMTA2M2Y=

Finalmente, recordemos que las *equivocaciones son parte del aprendizaje y son necesarias en ese camino de la independencia*, porque nuestros hijos van experimentando que se sienten mejor cuando logran lo que se proponen o cuando han puesto en ello su mayor esfuerzo. Y es que las equivocaciones son parte de la vida: casi siempre hay que intentar las cosas muchas veces hasta poder alcanzarlas; es por eso que en términos de la educación, las familias podemos permanecer optimistas y **nunca** debemos darnos por vencidas.

Los objetivos se pueden alcanzar con hábitos y con **voluntad** ¡Querer es poder! Y la educación no trata de que formemos hijos perfectos, sino hijos que sepan **luchar**. ¿Que si vale la pena? Recordemos que *un niño independiente es más fuerte y en el futuro un adulto más* **feliz.**

PERÍODOS SENSITIVOS DE APRENDIZAJE

Me gustaría ahondar un poco más sobre el tercer paso que mencioné en el punto anterior (el de la capacidad) considerando lo que María Montessori decía sobre que las personas tenemos *períodos sensitivos de aprendizaje*, esto es: momentos que pueden considerarse ventanas a través de las cuales el niño aprende de manera *natural*, con *entusiasmo, alegría y sin cansarse*[10] porque se siente atraído a involucrarse intensamente en lo que le interesa dependiendo de la etapa del desarrollo en la que se encuentre.

Trabajar en conjunto con los períodos sensitivos nos ayudará a crear planes de acción más aprovechables para nuestros hijos en el intento de forjar su independencia (veremos que la edad de 0 a 5, por ejemplo, sería un excelente momento para hacer un plan de acción sobre el orden).

A continuación, comparto un cuadro de los distintos períodos sensitivos de las personas en relación a las diferentes áreas del desarrollo según la edad:

---

[10] Montessori, M. (1912) *Método Montessori.* Sobre la repetición del ejercicio.

ÁREA	P.S (EDAD)
COGNITIVA	
Lenguaje hablado	1-3
Lenguaje escrito	4-9
Lectura	5-8
Idioma	1-8
Cálculo mental	3-10
Habilidad musical	3-10
MOTORA	
Movimiento	0-6
Motricidad fina y gruesa	0-3
Coordinación	3-6
Caminar	1-2
Equilibrio y lateralidad	1-5
Control de esfínteres	2-4
Relación con el espacio	3-6
Deportes	6-12
ESPIRITUAL (FE)	
Amor a Dios por ejemplo de los padres	1-6
Prácticas de piedad	1-8
Hacer suya la creencia en Dios	6-12
Desarrollo moral básico	7-12
Consolidación de la Fe	13-20
VOLUNTAD Y AFECTIVIDAD	
Orden	0-5
Sinceridad y obediencia	4-10

Generosidad, laboriosidad y responsabilidad	6-12
Fortaleza, justicia, paciencia, compañerismo y constancia	7-13
Respeto	11-17
Amistad, templanza y pudor	13-17
Solidaridad y justicia social	14-20
Lealtad, sobriedad y prudencia	15-20

ENCARGOS

Una buena forma de que en la familia se practique desde que los niños son pequeños la independencia es mediante *encargos y responsabilidades.*

Así como los períodos sensitivos facilitan un aprendizaje de ciertos aspectos gracias al desarrollo, con encargos vamos dando herramientas prácticas y útiles para que nuestros hijos aprendan a hacer distintas cosas según su edad y sus posibilidades. Les compartiré algunas ideas de encargos para cada edad:

2 - 3 AÑOS	4 - 5 AÑOS	6 - 7 AÑOS
Botar el pañal sucio en la basura	Poner la mesa	Cargar el lavaplatos
Recoger juguetes y guardarlos en su caja	Regar las plantas	Rellenar la jarra de agua
Llevar y traer wipes o teteros	Reponer el papel de los baños	Apagar las luces innecesarias
Limpiar o secar una mesa con un trapo	Ponerle la comida a la mascota	Cambiar las toallas de los baños
Poner la ropa sucia en su puesto	Hacer la cama	Doblar y guardar ropa

8 - 9 AÑOS	10 - 11 AÑOS	+12 AÑOS
Recoger las hojas del jardín	Recoger y sacar la basura	Aspirar alfombras
Descargar el lavaplatos y guardar todo	Descargar y guardar la compra	Hacer una compra con una lista
Llenar con agua los termos para el colegio	Preparar una comida con ayuda	Cambiar bombillos
Limpiar pisos	Coser un botón o algo sencillo	Lavar el carro a fondo
Pasear a la mascota y recoger sus necesidades	Trancar las puertas de la casa al final del día con seguro	Preparar postres o comidas con uso de horno

EL ENCARGO MÁS IMPORTANTE: TODOS SOMOS RESPONSABLES Y COLABORADORES DE UN AMBIENTE HOGAREÑO EN LA FAMILIA

El día en que inauguramos la casa donde vivimos actualmente, con nuestros invitados y los de los niños, vimos cómo iba desapareciendo la bella grama del jardín mientras los niños jugaban fútbol. Héctor y yo nos mirábamos entre risas y cierta frustración, pues estábamos muy contentos de haber pasado del anterior apartamento de 125 metros cuadrados a una casa amplia. Todo radicaba en la esperanza de que nuestro hogar pasara a ser un lugar donde las cosas estarían mejor dispuestas pues tendríamos el espacio suficiente para nuestra familia numerosa.

Ese día nuevamente cambiamos nuestra forma de pensar respecto a la nueva casa cuando rápidamente Héctor dijo: "la verdad es que preferimos un jardín feliz que un jardín bonito..."

Sabemos la importancia de cuidar el espacio donde vivimos y que sin duda hacerlo es responsabilidad de todos, pero también podríamos confundirnos y creer que para poder estar a gusto en casa, el ambiente tiene que ser perfecto... los papás entonces vamos repitiendo: no se deja el vaso en cualquier parte de la sala, a recoger esos zapatos, quién dejó aquello en el piso, siéntense bien en el sofá, bajen a comer, a bañarse, hora de las tareas, no desordenen, etc.

Tenemos que evaluarnos constantemente porque de pronto podríamos convertirnos en unos generales exigiendo a toda hora. Resulta que en el hogar vamos creando memorias para toda la vida que luego recordamos con cariño.

Hay que recapacitar. Si los errores propios del ser humano se vuelven intolerables, la casa pasa de ser el lugar propio y agradable, a un lugar estresante y demandante. Nuestros hogares deben procurar un equilibrio. Si bien es importante tener un ambiente ordenado, donde las cosas estén bien dispuestas, no hay que pasar a convertirlo en ese sitio donde todo está en su lugar, pero nadie se atreve a disfrutar ni a relajarse nunca.

La convivencia familiar se puede tornar muy agreste en ambos casos. Por un lado, si todos caemos en el desgano, el ambiente se tornará inhóspito, confuso: no se encontrarán las cosas, ni se sabrá lo que se espera de cada quien. Pero, por otro lado, se puede caer en un estrés innecesario, al sentirse evaluado todo el tiempo; en un estado de alerta continuo, con la idea de no poder equivocarse.

Además, cuando alguno de los dos extremos se adueña del ambiente familiar, lo natural es que los que viven allí no deseen pasar tiempo en el hogar. Entonces, si bien los pequeños no tienen opción de a dónde ir, los padres se recargan de trabajo para pasar el mayor tiempo posible fuera de casa, los jóvenes se inventan cualquier excusa entre gimnasio, amigos o estudio, y las madres, por su parte, comienzan a sentirse muy solas y con la sensación de que lo más difícil lo asumen ellas, hasta que finalmente van buscando desatender en la medida que pueden todo lo relacionado al hogar o lo asumen con frustración, desgano y constante queja.

> Por lo tanto, hay que recordar que el buen ambiente de la casa depende de **todos**. Toda la familia es responsable de que sea un lugar agradable para estar.

Las madres no debemos exagerar demandando demasiado, pero el resto de la familia debe estar consciente de que de ellos también depende que las cosas fluyan. Si un día alguno deja el vaso donde no correspondía y nadie dice nada, no por eso puede comenzar a dejarlo fuera de sitio recurrentemente; la siguiente vez, por el contrario, debe esforzarse en no volverlo hacer.

Lo ideal no es que una sola persona esté mandando a todos a toda hora, ni que cada quien haga lo que quiera en todo momento. Lo ideal es que cada quien ponga de su parte, asumiendo algún encargo, cuidando los espacios e incluso preocupándose por mejorar el hogar si ha notado que algo está fallando: cambiar el bombillo que se quemó sin necesidad de que se lo hayan ordenado, reportar alguna cosa que se debe reparar, incluso, si está en sus posibilidades, reparándolo o aportando alguna ayuda económica si es la razón por la cual no se ha podido solventar.

Que los hijos se involucren en el cuidado de la casa es bueno pues, como venimos reforzando, la tarea de los padres no es suavizar todo su tránsito en la vida, sino más bien darles las herramientas que necesitan para poder enfrentarla de la mejor manera que puedan, con las habilidades que cada uno tenga o desarrolle.

4.
Herramientas sobre crianza, límites y normas

No imagino nuestra casa sin el esfuerzo que cada día ponemos Héctor y yo en enseñar a nuestros hijos algunas normas de convivencia.

Todos los niños necesitan *criterios* o modelos claros para poder desarrollar su personalidad, también para que aprendan a relacionarse con otras personas y a desenvolverse en la sociedad. Un niño sin límites crecerá sin aceptar ningún parámetro, lo que fomentará en cierto sentido el que se comporte de manera antisocial.

Por otro lado, hay que entender que el cerebro de un niño (constantemente en desarrollo) lo que busca es *seguridad*. Hay distintos estudios que demuestran que existen dos cosas importantes a la hora de que un niño se sienta seguro: el **amor** y los **límites**.

Cuando un niño se siente seguro gracias a los *límites*, podrá desarrollarse de manera adecuada, porque entre otras cosas podrá ir identificando lo que está bien y lo que está mal para así saber cómo actuar en cada momento.

Y gracias al *amor*, sabrá que le amarán siempre sin importar que se "porte mal" o que se equivoque mil veces, pues nuestros hijos necesitan que sus padres realmente les acompañemos en los procesos de mejora, validemos sus emociones o frustraciones e incluso que celebremos sus logros y comprendamos las dificultades que les toque enfrentar... todo esto sin importar que el resultado sea el esperado.

Muchos jóvenes y adolescentes están manifestando que se sienten abandonados por sus padres, porque en el fondo quisieran que ellos les exigieran y los guiaran más. Se sienten como perdidos pues no saben cómo manejarse en un ambiente donde todo es relativo y se encuentra a la mano. Pero los padres muchas veces no sabemos cómo mantener la *autoridad*, ya que la hemos ido perdiendo a lo largo de los años, en la medida en que no hemos sido capaces de poner *límites* a los niños desde pequeños; incluso en determinados momentos hemos tirado la toalla y, con esta actitud, les hemos hecho un daño grave.

Por eso, compartiré algunas herramientas que a nosotros nos han ayudado y que considero importantes al momento de ejercer la autoridad sin perder el control:

1. **Establecer normas claras**: cada casa tiene sus reglas y debemos hacérselas saber con *claridad* a todos los miembros del hogar. Es preferible que existan pocas normas y que estén claras a que implantemos muchas reglas y nadie sepa cuáles son ni el porqué de ellas. Las normas delimitan el camino por el cual se debe transitar, evita confusiones y facilita que las peticiones de los padres sean bien recibidas por todos. Los niños estarán tranquilos incluso a pesar de que noten que en otras familias las cosas se hagan de manera diferente (si al mejor amigo le regalan los zapatos X o la fulana cartera, no se sentirán tan presionados o tristes por no poseer las mismas cosas o los mismos permisos). Finalmente, las normas deberían siempre estar diseñadas para llevar al bien a nuestros hijos y no diseñadas para "controlarlos".

2. **Establecer rutinas y desarrollar hábitos:** las rutinas sirven para avisar[11] a los niños lo que sucederá, la *repetición de hábitos* evita las luchas de poder y evita que los padres tengamos que acudir a otras herramientas para lograr que el niño haga sus actividades o cumpla con sus responsabilidades. De esta manera, los padres nos estresamos menos y los niños se adaptan más fácilmente a lo que deben hacer[12]. Además, todos los miembros de la familia se benefician porque se logra un ambiente estructurado y ordenado.

3. **Dos tipos de consecuencias:**

   • **Consecuencias lógicas:** buscan reforzar de manera positiva las acciones bien hechas o corregir las acciones inadecuadas realizadas por nuestros hijos. Pero para que sean bien ejecutadas, las consecuencias:

---

[11] Se puede considerar el *anticipar los hechos* como una buena manera de marcar una pauta sobre lo que se pedirá. Avisamos a nuestro hijo de modo adelantado lo que se esperará de él, para que se pueda ir preparando. Por ejemplo: "cuando lleguemos a la casa debes bañarte enseguida; luego, podrás jugar o descansar".

[12] Un hábito se adquiere con la repetición de una misma acción por un tiempo determinado –al menos 21 días–. El hábito hace que la persona obre sin tanto esfuerzo (las cosas cuestan menos) porque se harán de manera automática.

Deben ser proporcionadas: Supongamos que nuestro hijo tardó tiempo en hacer sus deberes escolares por distraerse con equipos electrónicos más del tiempo acordado, nosotros entonces le decimos que el tiempo de electrónicos de los próximos dos meses deberá dedicarlo al estudio. Sería más apropiado decirle que el *día siguiente* deberá dedicar el tiempo de electrónicos al estudio. No debemos anunciar algo que no podremos hacer cumplir (una consecuencia desproporcionada afecta a los padres pues deberemos invertir mucho esfuerzo en darle seguimiento y seguramente la abandonaremos).

Se deben anticipar: pues podemos convertir nuestras peticiones en *amenazas*. Consideremos que una amenaza se da en el momento en que el niño no sabe a qué atenerse, pues no se le ha comunicado la consecuencia: "si no haces la tarea inmediatamente, ya verás..." con frases como ésta, los padres de alguna manera estamos obligando a los hijos a hacer lo que queremos, pues actuarán por miedo a la consecuencia. Pero es equivocado hacerlo, pues aprenderán que deberán hacer las cosas únicamente cuando la amenaza esté presente y no porque ellos así lo hayan decidido.

Se deben hacer cumplir: nunca debemos anunciar una consecuencia que no podremos hacer cumplir, pues cuando no respaldamos las palabras con acciones, los hijos tenderán a no cumplir nuestras peticiones. Si no nos aseguramos de hacer cumplir la consecuencia, disminuye nuestra autoridad y pierde fuerza la herramienta, porque lo prometido se queda en palabras.

No deben afectar negativamente a otros miembros de la familia: Si, por ejemplo, cancelamos la actividad al parque de diversiones en familia del fin de semana porque uno de los hijos rompió la TV con una pelota, estamos actuando de modo incoherente, pues la consecuencia debería estar dirigida únicamente al responsable.

Deben estar relacionadas con la acción: para lograrlo, se pueden clasificar en: el plano corporal de la persona o el plano intelectual-afectivo-espiritual. Así es como un cuarto ordenado se puede recompensar con un helado (material con material); pero bajas notas en un examen deberían traer como consecuencia mayor dedicación de tiempo cada día o de la semana a las actividades de refuerzo y estudio (intelectual con intelectual). No deberíamos en cambio proponer quitarle la merienda de la semana por haber tenido mala notas (intelectual con material)

Hay que tener cuidado con el abuso de esta herramienta, así como tener cuidado con la intención de fondo que tengamos los padres, pues podríamos caer en la *manipulación*, a través del *condicionamiento o la amenaza* (descritos anteriormente).

En cuanto al **condicionamiento**[13], tengamos en cuenta que utilizar las consecuencias lógicas con mucha regularidad hará que nuestros hijos actúen únicamente movidos por la recompensa o la consecuencia negativa y no del todo porque ellos lo hayan decidido: como un animal de laboratorio que aprende a apretar una palanca para obtener la comida o como la mascota a la que se le da una galleta para enseñarle a permanecer sentado al oír la palabra *sit* —luego, aunque la galleta no esté presente, de igual modo cuando escuche la palabra *sit* permanecerá sentado porque ya habrá adquirido la conducta—.

Pero a los hijos no los queremos condicionados, más bien debemos buscar que actúen bajo la *satisfacción personal de haber hecho lo correcto* y que concienticen que son responsables de sus acciones, decisiones, reacciones, etc. Recordemos que la mejor recompensa muchas veces proviene de la acción en sí misma y viceversa: un cuarto ordenado trae beneficios propiamente y no será necesario dar o quitar algo material como se mencionó previamente (el helado, la mesada, etc.).

- **Consecuencias naturales:** son parecidas a las consecuencias lógicas, pero con ellas se despierta *directamente* el sentido de responsabilidad (son más efectivas en niños un poco mayores e independientes). Hay que dejar a los hijos que vivan las consecuencias naturales de sus actos y evitar "salvarlos" cuando no han elegido bien[14]. Por ejemplo, si a nuestro hijo se le quedó la tarea en la casa, no deberíamos salir corriendo a llevársela a su colegio. Seguramente, esa experiencia lo hará crecer en responsabilidad, pues la siguiente vez estará más pendiente de hacer su bulto con tiempo. Del mismo modo, si nuestro hijo lucha por ser responsable y estudioso, experimentará consecuencias naturales

---

[13] El **condicionamiento operante** es un tipo de aprendizaje y una técnica de modificación de conducta que utiliza el refuerzo positivo y el refuerzo negativo para producir la adquisición o la extinción de una conducta. Este tipo de condicionamiento sostiene que una determinada conducta y una consecuencia tienen una conexión que nos lleva al aprendizaje (B.F Skinner).

[14] Sin Atajos. (18 de julio de 2022). Degwitz, M. y Mariño, A: *Cómo implementar la disciplina en casa* [podcast]. Spotify. https://open.spotify.com/episode/0fgjh5mS4Kq4HyclXkQlxV?si=4J9lIPEwSy2o6_EJlPpJrw

positivas como obtener buenos resultados académicos o entender los contenidos con mayor facilidad. Nuestro acompañamiento estaría en invitarlo a seguir esforzándose en ese aspecto.

4. **Dar crédito y elogiar:** es ideal para reforzar las acciones positivas de los hijos con *palabras de afirmación*. De la misma manera, no debemos abusar con el uso de esta herramienta: debe estar fundada en situaciones verdaderas (no deberíamos decir a nuestra hija, por ejemplo, si está bien arreglada, que es la niña más linda del planeta, porque probablemente eso no sea cierto, pero sí podemos decirle lo linda que se ve para que sepa que nos hemos dado cuenta de que se ha arreglado). Por otro lado, tengamos en cuenta que el elogio que se hace en público tiene aún mejores resultados, pues nuestros hijos se dan cuenta de que no corregimos únicamente las acciones negativas, sino que lo bueno también lo reconocemos. Si nuestro hijo ganó el diploma del mejor estudiante de la semana, podemos, por ejemplo, enviar un mensaje a la familia dando la noticia y entonces mostrarle los comentarios positivos que le respondan. Una regla que podemos tener en cuenta en relación con esto es: *se corrige en privado y se elogia en público.*

Hace un tiempo, atravesé por una etapa en la cual me estaba costando notar las cosas buenas de los niñitos y acudí a una persona a quien he pedido consejo en diferentes momentos de mi maternidad. Me dijo que no los corrigiera por un tiempo y delegara la disciplina por completo en Héctor. Mientras tanto, yo debía reforzar las acciones positivas de ellos. Así lo hice durante unos 15 días y fue cuando empecé a notar que ya no me enfocaba únicamente en lo negativo, sino que era capaz de reconocer muchas cosas buenas en ellos nuevamente. Además, comencé a conectar afectivamente de manera muy natural a la vez que surgieron una cantidad de interacciones relajadas entre juegos, tiempo de calidad, conversaciones, etc.

5. **Evitar las etiquetas y la comparación:** usando estas técnicas, los padres estamos determinando de alguna manera la forma de ser y de actuar de nuestros hijos. Ellos pueden pensar que son así como decimos y por tanto sentirse obligados a actuar de esa forma, aunque la etiqueta no concuerde con la realidad (sea buena o mala). Por un lado, limitamos sus oportunidades de mejora o, por otro, le hacemos sentir que no puede actuar distinto a lo esperado. Si una persona no siente que los de su alrededor confían en que pueda mejorar alguna cosa, simplemente no lo hará. Y es que todos somos capaces de hacer

lo que sea que nos propongamos, pero hace falta que nos sintamos *apoyados y queridos*. No etiquetar y no comparar nos ayuda a educar separando el ser del hacer. Es decir, tenemos que ser capaces de calificar o descalificar acciones y no personas. Cuando etiquetamos a alguien, se sentirá amenazado inmediatamente y por tanto buscará ponerse a la defensiva, en lugar de mejorar lo que sea que no haya hecho bien. También podría sentirse presionado por no querer defraudar a los demás siendo lo perfecto, ordenado e inteligente que se dice de él. Por ejemplo:

Si le decimos "mira tu cuarto, ¡eres un desordenado!" Con esta frase no alentamos al niño, ni lo impulsamos a querer ordenarlo.

En cambio, podríamos decir "por favor, acomoda tu cuarto, está desordenado, al arreglarlo tendrás un espacio más agradable para ti".

Otro ejemplo podría ser "¡eres el mejor! Tus notas lo dicen", pero sería mejor decir "felicidades por tus calificaciones, demuestra que últimamente te has esforzado mucho". Al etiquetarlo como el mejor sentirá mucha presión al **tener** que mantener las mejores notas siempre.

6. **Actitud lúdica con los hijos:** el juego es quizás uno de los tesoros que como padres a veces menospreciamos. Los niños, como sabemos, no razonan de la misma manera que un adulto y para poder lograr entrar en su mundo resulta muy conveniente partir del juego. *El juego es un medio por el cual los niños conocen la realidad.* Una canción, un tono de voz juguetón, una morisqueta, motivarán fácilmente a nuestro hijo a realizar o a aprender las distintas cosas que le exigimos o que le enseñamos.

7. **Control de las emociones:** podríamos decir que cuando le añadimos emoción al corregir, estamos haciendo personales las acciones del hijo (muchas veces caemos en el error de pensar que cuando un niño hace algo equivocado, lo hace en contra nuestro y por eso nos desesperamos). Las emociones no son negativas como tal, pero hay que tener cuidado con ellas. Les podríamos estar enseñando a los hijos que deben hacer o no hacer algo sólo para hacernos sentir de algún modo (molestos, tristes, nerviosos) o, por el contrario, sólo para hacernos sentir felices y orgullosos. Es equivocado hacerlo, pues, al final, puede convertirse en una herramienta manipuladora. Recordemos que los niños no tienen la misma capacidad de empatía que los adultos, si difícilmente son capaces de gestionar sus emociones, menos serán capaces de comprender las nuestras[15].

Si nos dedicamos a decir frases como "me pondré feliz si te comes todos los vegetales" o "me vas a molestar si sigues haciendo eso", les estamos enseñando que sus acciones provocan estados personales y emocionales en nosotros —y en otras personas incluso— que no somos capaces de dominar. Entonces, buscarán imitarnos diciendo frases como "no me quieres, porque no me compraste el chocolate" o "¡nunca me dejan hacer lo que quiero!, son los peores" —todo lo que hagamos buscarán llevarlo al plano personal o emocional—. Si esto ocurre, debemos corregirlos reformulando sus afirmaciones de la siguiente manera: "lo que dices no es verdad, porque sí te quiero, pero no cambiaré de opinión, pues en este momento no compraré el chocolate" o "lo que dices no es verdad, porque muchas veces puedes hacer lo que quieres, pero ahora es momento de ir a dormir y no cambiaré de opinión, también sé que me quieres".

Adicionalmente, pensemos que si queremos hijos que puedan gestionar su mundo afectivo (emociones, pasiones, sentimientos) de manera adecuada, tenemos que ser los primeros en evitar que éstas nos dominen al corregir. Los padres solemos "perder la paciencia" muy rápido con nuestros hijos y eso no les ayuda, pues si nosotros no somos capaces de encauzar nuestros sentimientos y emociones cuando reaccionamos, menos podremos exigirles o enseñarles a ellos a hacerlo —vale la pena hacer un gran esfuerzo por controlar la ira, la frustración, el enojo, etc. cuando algo se sale de control a nuestro alrededor—.

8. **Comunicación asertiva:** considerando el punto anterior, una manera de evitar corregir con argumentos emocionales es aprender a comunicarnos asertivamente: El niño debe entender que la situación está controlada y no que él tiene al padre en descontrol. Es por eso que al hablar debemos ser **asertivos, directos y concretos**[16] para decir lo que deseamos del modo más claro posible, evitando frases abstractas, en forma de quejas y preguntas o cargadas de ironías, sarcasmo y argumentos innecesarios.

---

[15] Así es como se entiende que sus acciones no son en contra nuestra, porque los niños no comprenden del todo cómo nos hacen sentir cuando actúan de determinada manera y porque su mundo es principalmente egocéntrico.

[16] Lyford-Pike, A. (1999). *Ternura y firmeza con los hijos.* (5ta. ed.) Chile: Universidad Católica de Chile.

Hay que evitar decir frases **abstractas** parecidas a "sé bueno" o "pórtate como un niño de tu edad", pues el niño no sabe lo que eso significa y lo más seguro es que no cumpla nuestras expectativas.

Así como tampoco decir frases en forma de **quejas** y **preguntas** que no invitan al niño a realizar lo que se quiere. Por ejemplo: "¡qué desorden, qué difícil es explicarte que no debes dejar la ropa en el suelo!", o: "¿será que algún día dejarás las peleas con tu hermano?"

Ni usar frases **irónicas** —sarcasmo— en las que el niño no es capaz de comprender si se le habla con la verdad. Por ejemplo: "sigue jugando y no hagas la tarea todavía, por favor".

Es mejor decir frases **concretas** y relacionadas con las **acciones**, tales como: "deja de correr ahora", "tienes cinco minutos para dejar de ver tele y hacer la tarea", "ve a comer y luego prepárate para dormir". *Sin olvidar decirlas con un tono de voz adecuado*, pero con firmeza; pues los gritos sólo asustan a los niños y los distancian de nosotros —haciendo que disminuya la *confianza* de ellos hacia nosotros—. Pero siempre recordando que, si no nos aseguramos de que se cumpla lo que hemos pedido, disminuirá nuestra *autoridad* —más adelante nuestras palabras no significarán nada para ellos—.

Finalmente, se ha estudiado que los niños pequeños procesan mejor las últimas palabras que se les dicen; por lo tanto, frases largas cargadas de **argumentos** pierden efectividad. En lugar de decir: "no toques el interruptor, porque te puede dar corriente y hacerte daño" es mejor simplemente decir "no toques". A medida que los niños van creciendo, se les puede comenzar a dar mayor explicación de las cosas, tomando en cuenta que los argumentos o razones van agarrando mayor importancia a medida que los hijos se hacen mayores para ayudar a motivarlos en determinados momentos; por ejemplo: "no puedes ir a ese viaje" quizás no sea suficiente, mejor sería "no irás al viaje porque no habrá ningún adulto presente (razón #1), esa es una de las normas de nuestro hogar (razón #2), es más fácil que ocurran situaciones indeseadas para ti o tus amigos como... (demás razones)".

9. **Inculcar buenos modales:** podemos lograr grandes cosas en términos de educación cuando desde pequeños le enseñamos a nuestros hijos a tratar bien su cuerpo, los objetos, otras personas y a Dios[17]

---

[17] Calderero, J. (1996). *Los buenos modales de tus hijos pequeños.* (3ra.ed.) Madrid: Palabra.

Un niño educado es un niño limpio, peinado y arreglado. También enseñarles a usar las palabras de cortesía que son tan importantes al momento de relacionarnos y desenvolvernos en el mundo exterior (yo diría que deberíamos enseñarles a decir desde bebés, y entre sus primeras palabras, *por favor* y *gracias*).

10. El ejemplo: los niños aprenden por imitación los primeros años de vida y van copiando tanto a sus padres como a los familiares que les rodean. Inconscientemente, damos ejemplo a nuestros hijos todo el tiempo. Entonces, recordemos que cuando queramos hijos sinceros, piadosos, ordenados, trabajadores, estudiosos, respetuosos, pensemos que les facilitamos y acortamos el camino si ellos ven en nosotros esas cualidades —o al revés, si queremos hijos vanidosos, soberbios, egoístas, empezamos por darle atención a aquellas cosas y demostramos nuestra falta de lucha por descartarlas—. Y es que el ejemplo es poderoso incluso cuando no poseemos ciertas cualidades que deseamos inculcar, pues bastará con que noten el esfuerzo que hacemos por conseguirlas.

No quería terminar el capítulo sin antes recalcar que estas herramientas serán efectivas aún más si hemos trabajado desde siempre la **confianza** de los hijos en nosotros. La confianza es un aspecto *fundamental* para poder ejercer la **autoridad**... "que los padres sepan educar en un clima de familiaridad, que no den jamás la impresión de que desconfían, que den libertad y que enseñen a administrarla con responsabilidad personal. Es preferible que se dejen engañar alguna vez: la confianza que se pone en los hijos hace que ellos mismos se avergüencen de haber abusado y se corrijan; en cambio, si no tienen libertad, si ven que no se confía en ellos, se sentirán movidos a engañar siempre"[18].

Pero para fomentar *la confianza y la comunicación* con nuestros hijos también es importante estar disponibles. A veces estamos tan ocupados que nos distanciamos de ellos y les hacemos pensar que nunca es buen momento para hablar ni para preguntar. De este modo, estamos desperdiciando oportunidades de conversar con ellos, ser partícipes de sus vidas y hasta de poder aconsejarles en determinado momento.

---

[18] Llanes, J. (2012). *Conversaciones con Mons. Escrivá de Balaguer, la mujer en la vida del mundo y de la iglesia (punto 100)*. España: RIALP.

Dicen que un modelo es toda aquella persona que logra la conexión con otro de alguna manera. Un modelo entonces puede ser un profesor, un abuelo, un amigo... pero también un cantante, un actor o hasta un futbolista; si queremos ser los principales modelos de nuestros hijos y ser quienes mayor influencia tengamos sobre ellos —incluso por encima de las modas o el ambiente externo que les rodea—, permitamos que se nos acerquen a contar sus cosas, aceptemos el juego que nos proponen, comentemos el dibujo que nos regalan, contestemos las dudas que nos compartan, busquemos conocerles y dejemos que ellos nos conozcan a nosotros también, contándoles sobre nuestros gustos, proyectos, anhelos y más[19].

---

[19] En otras maneras de conectar profundizaremos en el capítulo 9.

5.
¿Madres superpoderosas? ¿qué hay de papá y demás aliados?

Mamá, psicólogo, enfermera, maestra, cocinera, consejera, chofer... sí que somos *superpoderosas*, pero a esto hay que tenerle cuidado. Para nosotras es muy fácil caer en la tendencia o necesidad de ser indispensables para nuestras familias y sentir que podemos solas con todo. Hay que recordarnos que pedir ayuda, aprender a decir que no, dejarnos ayudar y soltar, no nos hace ineficientes o *malas madres.*

Es fundamental respetar los roles de otras personas importantes en la vida de nuestros hijos, **principalmente el de los papás.**

¡Pues sí! dicen que el matrimonio impacta más al hombre que a la mujer y que los hijos impactan más a la mujer que al hombre. Resulta que cuando el varón se casa, siente que ya no existe de manera singular, sino que en adelante habrá alguien más y lo domina una sensación como de pérdida de libertad. A la mujer no le sucede en el matrimonio, sino cuando es madre, porque a partir de ese momento, hay un ser que la necesita para subsistir.

Sin embargo, el padre no es menos importante para un bebé, de hecho, es un error pensar que lo es. Quizás esta cuestión tan natural del vínculo que tiene el bebé con su madre al nacer es la razón por la cual se ha confundido el rol del padre en la familia como un espectador.

En el tiempo, los roles se diferenciaron: la madre para el hogar y el padre para el mundo exterior. Hoy en día sabemos que no es así, que la mujer puede estar tan involucrada como el hombre en el mundo exterior, y que, cada vez más, el hombre se ha venido incorporando a las cuestiones de la familia o del hogar.

Pero la figura del padre se ha desvalorizado, pues la sociedad los viene catalogando como nada eficientes en el ámbito del hogar.

Es por eso que, en un intento de mejorar su imagen, ha venido transformando su modo de ser varón a uno muy parecido al de la mujer. *Es la feminización del hombre en el intento de rescatar su valor.*

Poco a poco las mujeres hemos querido forzar y controlar la manera en la cual el padre **debe** desenvolverse en el hogar. Queremos que haga todo a la manera de nosotras. De ahí que cuando él cuida a su hijo, tiene que hacerlo bajo las directrices de la madre: ponerle la ropa que ella diga, darle la comida que ella propone, seguir el horario que ella ha impuesto... no existe entonces un espacio real en el cual el padre pueda encargarse de su hijo a su manera.

Pensadores del tema han señalado a menudo que la *crisis más profunda del siglo XXI es la crisis del padre*[20], ya que ahora en la sociedad, en los medios de comunicación, la figura paterna es valorada *solo en la medida en la que asume los roles de igual manera que la madre.*

Pero, al final, esta situación es contraproducente; no vale de nada que existan dos mamás en casa, porque, además, en muchos casos el hombre se siente tan presionado que lo que termina por hacer es distanciarse en definitiva y dejar el espacio de la paternidad en exclusiva a la madre.

Hay estudios sociológicos que han venido demostrando que los bebés cuyos padres están presentes de manera activa en el hogar obtienen mejores resultados que el resto en las pruebas de desarrollo mental; las niñas apegadas al padre tienen menos probabilidades de iniciarse en la sexualidad precozmente y los adolescentes tienen el doble de probabilidades de seguir yendo a la escuela si el padre toma parte de su vida[21].

Hay que entender que el padre se desenvuelve de manera muy distinta a la mujer en la familia y eso es bueno. Es importante dejar que él gestione la manera de encargarse de sus hijos. Los horarios y sus formas serán muy distintas a las nuestras, sin embargo, nos sorprenderemos al evidenciar que el padre puede llegar a ser mucho más exitoso que nosotras en muchos ámbitos de la educación. Debemos respetar *la* **autonomía** *del padre para garantizar que pueda ejercer su rol exitosamente.*

De modo más natural que la mujer, el padre ayuda a los hijos a *independizarse.* Los expone al mundo de una manera más arriesgada y les ayuda a que aprendan cómo pueden resolver distintas situaciones. Dejar al padre estar ayuda a que el niño pequeño poco a poco se de-

---

[20] María Calvo ha señalado a menudo en entrevistas y exposiciones sobre la paternidad que *la crisis más profunda del siglo XXI es la crisis del padre.*

[21] Padres para siempre (2018). *El factor padre-hija.* Conneticut: fathersforgood. Recuperado de http://www.fathersforgood.org/ffg/es/common_challenges/factor.html

sapegue de la madre. Incluso el padre ayuda a los hijos a identificarse con su género y su sexualidad desde pequeños. De alguna manera, los varones aprenden cómo han de tratar en el futuro a su compañera y las niñas cómo han de ser amadas por sus compañeros experimentando la forma en cómo su papá cuida y quiere a su mamá.

Tenemos una anécdota sobre Claire, mi segunda hija, cuando faltaba poco para el nacimiento de Pablo. Ella era muy apegada a mí, además no se dejaba tratar por muchas personas, lloraba desde el momento en que me dejaba de ver y me extrañaba muchas veces durante la separación. Un día, comenzó unas clases de natación los sábados en las mañanas con Héctor, por primera vez en su vida yo no estaría cerca y ya no tendría esa sensación de protección. Sin embargo, en lugar de manifestar sentirse desprotegida, sucedió lo contrario: esa experiencia de varias semanas la fue fortaleciendo y marcando un antes y un después en su forma de relacionarse. Claire hoy en día es una niña que disfruta estar rodeada de personas, le agrada conversar con adultos y jugar con niños sin importar si los conoce de hace mucho o poco tiempo.

En general, cuando nuestros hijos están al cuidado de Héctor, están expuestos en mucha mayor medida a situaciones que no están resueltas, con las cuales sin duda él los invita a ser más independientes, pues se ven forzados a solucionarlas ellos mismos.

Por ejemplo: a la hora de salida en la mañana al colegio, cuando están bajo mi cuidado, probablemente yo termine por ayudarles con la correa o las trenzas de los zapatos, mientras que cuando Héctor se encarga, los va dirigiendo verbalmente y los va alentando a que ellos mismos lo hagan. Las mamás por lo general vamos protegiendo a los hijos, salvándolos de todo constantemente y acortándoles o facilitándoles el camino, mientras que los padres los exponen, así tengan que hacer un mayor esfuerzo o así se equivoquen, mostrándoles que ellos pueden y sacando de ellos capacidades que no sabían que tenían.

Tenemos muchas historias relacionadas con esto y, como dicen muchos de nuestros conocidos, "nuestros hijos son una cosa conmigo y otra muy diferente con su papá". Cuando yo estoy presente, existe la sensación de que todo está controlado, alguien los guía todo el tiempo. Con Héctor, "la guía" desaparece haciendo que los niñitos deban prestar más atención a las cosas. Lo sorprendente es que en muchos casos se comportan incluso "mejor" sin mi atención todo el tiempo encima de ellos.

Por último, quisiera enfatizar que *la verdadera paternidad implica más que estar presente físicamente en la vida de un hijo*. Nosotros debemos ser los modelos más influyentes de nuestros hijos. En ese sentido, hay que saber que un modelo es cualquier adulto que nuestros hijos vean (sus padres, abuelos, tíos o profesores... pero también Messi, Shakira, Bad Bunny); ¿queremos ser sus modelos?, entonces tenemos que estar presentes de verdad, porque la influencia dependerá del grado de conexión que logren los adultos con los niños.

En ese sentido, volvamos a la idea de la importancia de fomentar una cercanía y una confianza profundas con los hijos. Recordemos que siempre corremos el riesgo de quedarnos en el plano protector/proveedor: estamos tan ocupados trabajando para proveerles una "buena vida" que no tenemos tiempo para ser sus principales educadores. Y nuestros hijos no necesitan tanto de lo material como de la atención: demostraciones de afecto con abrazos y besos, tiempo de calidad y de vivir momentos en los que podamos conectar y que quedarán en la memoria para siempre.

LOS ABUELOS

¿Qué sería de las familias si no existieran los abuelos? ¡Uy, es que son personas tan importantes, fundamentales, decisivas e influyentes en la vida de nuestros hijos!

Cuando me casé, a mi papá le cambió el rostro, hasta el día en que supo que venía un nieto en camino (nuevamente era él). La alegría que notamos en nuestros papás con la llegada del primer nieto fue increíble. Hasta el punto en que, con el tiempo, siempre echamos broma diciendo que el precio que hay que pagar para ser abuelos es el de ser padres primero (ser padres es una bendición, pero es también es una gran responsabilidad; ser abuelos es una bendición, pero sin ser los principales educadores). Los nietos llegan aportando un nuevo sentido de la vida y muchas alegrías.

La verdad es que sería como una segunda oportunidad para acompañar, guiar, disfrutar a alguien a quien quieres, quizás tanto como a tus hijos, pero ya con una gran experiencia y con el beneficio de que la parte más difícil no te tocará.

Ya que no hay una obligación de ser los principales educadores, los nietos reciben las enseñanzas de los abuelos de manera muy espontánea y positiva. Generalmente, los abuelos se acercan a los nietos con ternura, y buscan disfrutar con ellos. Cerca de sus abuelos, nuestros hijos pueden identificar muchos valores hechos vida.

Las palabras de los abuelos tienen algo de especial: a mí se me han quedado grabadas y siempre recuerdo las palabras, consejos e historias que nos dieron los nuestros al momento de casarnos y de tener a nuestros hijos.

El principal rol de un abuelo no es educar. En dado caso, puede ser considerado *subsidiario de la labor de los padres, quienes tendrán siempre la última palabra sobre las decisiones educativas*. Se les puede involucrar comunicándoles la dirección formativa, aunque no tendrán la obligación de cumplirla.

Por eso es que cuando dejamos a los hijos con nuestros padres no deberíamos esperar que les cuiden de la misma manera en que nosotros lo hacemos. Seguramente los consentirán y serán más permisivos que nosotros. Comerán más dulces, no harán alguna tarea pendiente, jugarán, les comprarán algún regalo, cantarán, verán películas, leerán cuentos, conversarán de historias, pasearán al parque... tendrán mucho tiempo de calidad. Y como los abuelos no tienen la obligación de ser exigentes con sus nietos, debemos reforzar a los hijos que sean respetuosos con ellos[22].

En nuestro caso, hemos tenido mucha suerte, pues nuestros papás han sido de un aporte invaluable, ellos han cuidado a los niñitos muchas veces. Han estado más presentes con la llegada de algún integrante nuevo a nuestro hogar y con el tiempo, con muchos esfuerzos que valoramos, también nos han dejado madurar y han permitido que nosotros formemos nuestra propia familia.

LA FAMILIA EXTENDIDA

Aunque principalmente quería comentar sobre los papás y abuelos, lo cierto es que nos encontramos rodeados de otras personas que también forman parte de la familia.

---

[22] Que los nietos respeten a sus abuelos es importante, y más a medida que pasa el tiempo, ya que nuestros padres se van haciendo mayores y es nuestra oportunidad para inculcar muchos valores en nuestros hijos, invitándolos a ayudarles con las tareas que se les dificulten, consentirlos con algunos detalles como flores o algo rico de comer e incluso pasar tiempo con ellos para acompañarles, escuchar sus historias y hacerles pasar un rato agradable.

Inclusive, hay que destacar que nuestros padres, como abuelos, se involucran de un modo; pero como padres o como suegros, se involucran de otro. También los hermanos y cuñados tienen un papel cercano en nuestras familias.

Sabemos que, en las relaciones, cuando son directas, las cosas fluyen espontáneamente. Pues, aunque existan discrepancias, el lazo sanguíneo siempre trabaja en favor de la unión y de poder superar las diferencias.

Sin embargo, debemos recordar que, ante cualquier situación complicada, *la unión con nuestro esposo/a e hijos debe ser la que prevalezca.*

Es por eso que cuando se deja intervenir demasiado a la familia cercana podrían suceder situaciones que perjudican la labor educativa de los padres e incluso, en algunos casos, la unión de los esposos.

Si alinearse entre dos personas ya es un trabajo difícil, imaginen cuando otras personas se involucran.

Pero si queremos avisar o corregir alguna situación relacionada con nuestros hijos incluyendo a los familiares de nuestro cónyuge, los canales comunicativos deberían siempre darse a través de nuestro esposo/a y viceversa. Esto ayuda a que los mensajes no se confundan o sean malinterpretados y vayan cargados de emociones.

Aunque también hay que ser **agradecidos** y aprovechar esa colaboración de la familia cuando se hace de manera respetuosa, sincera y amorosa.

La familia acompaña y da ejemplo: los abuelos, tíos, primos, siempre serán referencias importantes para los hijos; a la vez que serán personas que les acogerán y les respaldarán en diferentes momentos a lo largo de la vida, ya que todos formamos, por así decirlo, una tribu que fortalece y facilita muchos aprendizajes, valores, vivencias, etc.

EL COLEGIO, EL OTRO ALIADO

¿En qué colegio estudias o estudiaste?, en Caracas esta pregunta es prácticamente segura cuando conoces a alguien, incluso es como un fenómeno que cuesta entender; no sé realmente si eso ocurre en otras ciudades principales de otros países del mundo.

Pienso que es usada como una suerte de etiqueta o una manera de saber más o menos cómo es la otra persona; también es muy posible que con la respuesta puedas conocer personas de su entorno: una manera de socializar rápida y fácil; incluso puedes imaginar cuáles son los principios de su familia, estatus social, etc.

El hecho es que este tema viene a ser uno de los más importantes para los padres cuando comenzamos a hacer familia. Rápidamente te empiezan a hacer la pregunta: ¿y en qué colegio estudiarán sus hijos?

Volvemos a la idea de que cuesta un poco salirse del patrón en el cual has crecido. Es como un camino que ya se ha trazado y te facilita las elecciones; sin embargo, si tu compañero ha recorrido un camino diferente al tuyo, cada quien buscará "halar para su lado"; podría incluso llegar a ser un tema de grandes conflictos a la hora de tomar la decisión.

Al final, aunque los principales educadores de los hijos somos sus padres, los colegios juegan un rol de gran importancia en cuanto a la formación de los hijos se refiere, porque ellos pasarán mucho tiempo allí. Por eso es *importante que el colegio esté alineado lo más posible con los ideales, la formación académica esperada, valores de familia o los propios pilares de educación que deseamos inculcar.*

Escoger un buen colegio ayuda a educar de modo más natural, al menos durante los primeros años de vida cuando los niños todavía están adquiriendo las herramientas necesarias para luego libremente poder y saber escoger el bien a pesar del entorno. Y aunque hay peligros en todos lados, *los padres nos apoyamos confiadamente en las enseñanzas de la institución.*

Siempre existirán cosas que no controlamos, pero aquellas que sí podemos controlar, como escoger el lugar donde estudiarán nuestros hijos, son algo de lo que nos debemos hacer responsables.

Hacer una lista de prioridades puede ayudar en la elección —hay quienes escogen el colegio por un tema social, otros por idiomas o de formación académica, otros por presupuesto, otros por logística y otros por valores y formación humana— entonces lo que consideremos amenazas para nuestras familias (enseñanzas, entorno que rodeará a nuestros hijos, etc.) se pueden disminuir en la medida en que nuestra elección se acerque más a nuestra identidad como familias.

Para dar un ejemplo concreto les cuento el caso de una amiga —extranjera viviendo en Venezuela— quien decidió hacer *homeschooling* con sus hijos hasta la primaria, pues el único colegio que le atraía era dirigido por profesores y personas con estructuras familiares contrarias a sus valores. Su argumento se basaba en la incoherencia de mensajes que recibirían sus hijos entre el colegio y la casa —y el doble trabajo que para ellos implicaría tener que contradecirlos (lo que no estaban dispuestos a asumir)—.

Para mí este es un ejemplo de valentía y de **coherencia**, muchas veces nos dejamos llevar por presiones o circunstancias que al final nos hacen daño cuando nos llevan a tomar la decisión que en el fondo sabíamos que no nos convenía; si existe una opción que está mejor alineada con nuestros ideales, pues por ahí deberíamos dirigir el rumbo sin dudar.

6.

Ser novios toda la vida

"¡Te casaste, te fregaste! ¡Hombre al agua! ¡Matricidio seguro! ¡Si no les va bien, cualquier cosa se divorcian!": me chocaban estas frases tan negativas sobre el matrimonio cuando Héctor y yo nos comprometimos y empezaron a sonar a nuestro alrededor todo el tiempo.

Yo, después de 14 años de casados, no digo que sea fácil ni que venga por sentado que te vaya bien y seas feliz en tu matrimonio. Pero pienso que *nadie que toma la decisión de casarse lo hace con la finalidad de sufrir.*

Obviamente, el camino traerá consigo momentos complicados, aflorarán dificultades y cantidad de situaciones que se tendrán que solucionar, pero también hay que poner las cosas en una balanza: muchas de esas realidades también se alivian justamente porque se enfrentan entre dos, como las preocupaciones familiares, las presiones económicas, el estrés en el trabajo, el carácter, los desacuerdos, el cansancio de padres... y un sinfín de cosas que es normal que sucedan y rodeen a una familia.

Fácilmente nos podemos abrumar y dejar afectar la relación ante la presencia de alguna de ellas. Hay que aprender a aceptar ciertas realidades que vivimos y en muchos casos perdonar o saltar hacia adelante para resolverlas, incluso aprender a reírse de uno mismo o de las equivocaciones que cometemos.

Puede ser que muchas personas hayan llegado al matrimonio por presiones (sin plena libertad) o más bien sin la preparación adecuada, pues *el noviazgo es un tiempo crucial para conocerse y hablar sobre temas importantes* como apertura a la vida, sexualidad, compromiso, fidelidad, educación de los hijos, posturas religiosas, entre tantos otros temas que podrían incluso hasta abarcar los gustos personales, la resolución de conflictos, los roles y distribución de responsabilidades, la visión del divorcio, la relación con la familia política, el proyecto de vida, etc. De manera que la falta de conocimiento puede impedir **escoger** bien a la persona de quien uno se enamora.

Y digo escoger porque, si bien es cierto que el enamoramiento implica emociones —y ese sentimiento de enamoramiento mueve a las personas a hacer cosas sin pensar—, también es verdad que aquellas parejas que permiten que intervenga la razón pueden tomar *mejores* decisiones amorosas: hay personas que son más bondadosas (virtuosas) que otras y la virtud/bondad *ayuda* a que se den buenas relaciones, pues, en mi opinión, es más fácil convivir con personas leales, templadas, sinceras, trabajadoras, alegres, ordenadas y generosas, que con personas que tienen que luchar contra vicios, malos hábitos, dependencias, etc.

Por eso es que insisto en que amar es mucho más que un sentimiento; amar **tiene** que implicar la *decisión de querer querer al otro*; la decisión incluso que va llevando a las parejas a considerar el tipo de relación que **quieren** tener cada día.

Sucede que cuando vamos con la idea de querer querer, entonces es cuando dejamos de ser *víctimas* de las circunstancias y nos hacemos capaces de *gobernar* en cierto sentido la unión que tenemos con nuestros cónyuges[23].

> Con la *voluntad* podemos ser capaces de hacer lo necesario para resolver conflictos o dificultades e incluso volver a enamorarnos en un momento dado si hiciera falta.

También nos ayuda a poner los medios en cada momento para salir adelante y seguir unidos; no juntos porque sí, sino porque con todo ese trabajo vamos logrando estar *felices* en la unión.

Entonces, ¿cómo se hace para lograr estar siempre enamorados, juntos y felices?

Nosotros tenemos muy presente que cuidar nuestro matrimonio es cuidar de alguna manera a la familia. Por eso, lo ponemos por encima de los hijos, ya que, al final, ellos se benefician de esto. Y es que no hemos decidido o prometido estar para toda la vida con nuestros hijos, pero con nuestro esposo/a sí; ellos se van, despegan, vuelan y nos quedamos como al inicio cuando éramos novios. Pero si en el camino dejamos

---

[23] Específicamente hablando de las personas que llegan bien preparadas al matrimonio (según lo que venimos considerando) y en pleno uso de su **libertad**, pues queda claro que las uniones que se basan en abusos y maltrato no entran en estas consideraciones.

de serlo, difícilmente seguiremos teniendo en común la ilusión que compartíamos y el amor que sentíamos. Además, consideramos que *tenemos una familia porque nos queremos; no que nos queremos porque tenemos una familia.*

Eso no quita que, cuando llegan los hijos, una de las cosas que suele cambiar es la disponibilidad y la cantidad de tiempo que invertimos como esposos. Los niños empiezan a ocupar mucho del espacio que antes era exclusivo de los dos y termina siendo casi un acto heroico poder compartir tiempo de calidad... pero hay que ver la manera de hacerlo pues es muy importante y necesario[24].

INVERTIR TIEMPO EN EL CÓNYUGE

Va pasando el tiempo y va creciendo la familia. Así es como cada día se hace más difícil hacerle contra a la rutina y el cansancio para poder apartar espacios de encuentros exclusivos como los del noviazgo para hablar, compartir, divertirnos, planificar, etc.

Busquemos ideas creativas de formas en las que podamos pasar tiempo de calidad juntos. Tenemos unos amigos que inventaron el jueves del Gin, que no es otra cosa que tomarse una ginebra al final del día juntos; hay también quienes salen a cenar con regularidad o preparan una comida distinta en casa, ven una película, van al teatro, se ven con amigos, etc. Es aún mejor cuando esas actividades permiten que exista la conversación en algún momento.

Pasar tiempo juntos es importante, pues a veces creemos que ya conocemos a nuestro cónyuge, pero *hay que saber que los gustos y los intereses de las personas pueden ir cambiando a lo largo de la vida.* Con estas oportunidades es más fácil seguir conociéndonos; Cristian Conen dice que debemos hacernos expertos en el otro[25]. Al hacernos expertos en la persona que amamos, nos es más fácil colaborar en su felicidad.

---

[24] Cualquier persona puede enamorarse de otra si pasan tiempo juntos. Por eso hay que tener cuidado con el tiempo de ocio: dime con quién pasas tiempo y te diré de quién te enamorarás o con quién te acostarás... Se puede aplicar la regla: actividades para el tiempo de ocio fuera del matrimonio + 1= actividades para tiempo de ocio de esposos como **mínimo** (Rafael Lafuente).

[25] SalcantayTV. (16 de octubre de 2017). *Cristian Conen: Claves para ser felices y hacer felices a las personas que queremos* [Archivo de video]. Youtube. https://www.youtube.com/watch?v=qcaakpsJ91g

Cuando pasamos tiempo juntos, le damos espacio a la conversación. Es importante que esos momentos que hemos escogido durante la semana no estén cargados de temas estresantes, relacionados con la cotidianidad o los compromisos. Hay que tratar de tener una conversación variada y que favorezca el conocimiento del otro y viceversa e incluso que podamos relajarnos y divertirnos juntos —hace poco escuché decir en una entrevista que a las mujeres les encanta un hombre que les haga reír... y yo añadiría que al hombre también le encanta una mujer que sepa y quiera divertirse con él—.

A mí me gusta planificar con Héctor escapadas durante el año o para algún aniversario especial. Pensar sobre ellas con tiempo nos ilusiona: vamos ahorrando para esos momentos y se va generando como una complicidad entre nosotros que nos hace disfrutar incluso antes de irnos; luego, por supuesto, nos quedan esas experiencias que cada tanto recordamos y vuelve el sentimiento de aquel momento. De la misma manera, recordar el noviazgo o los principios de nuestra relación, ir a ese restaurante que nos encantaba, cantar la canción favorita y ver lo que hemos ido construyendo juntos con esfuerzo, es una buena manera de reavivar el amor, pues te llena de orgullo y definitivamente te hace conectar especialmente.

Héctor y yo nos comprometimos en El Ávila junto a la gruta de La Milagrosa y ese lugar es muy especial para nosotros... cada vez que visitamos Galipán, no dejamos de pasar por allí para rezar y pedirle a la Virgen por nuestro matrimonio y nuestra familia; también para darle gracias por tantas cosas buenas que hemos recibido y que nos rodean. En varias oportunidades, también, hemos llevado a los niñitos a la gruta y ellos disfrutan escuchar los cuentos sobre cómo fue el compromiso. Otra cosa que nos encanta es celebrar en Granja Natalia uno que otro aniversario, pues en ese restaurante tenemos recuerdos muy especiales de nuestro noviazgo.

Tenemos un cuento de cuando cumplimos años de casados durante la pandemia del Covid-19. Después de muchos meses sin salidas de pareja, recuerdo que me sentía extraña cuando decidimos ir a cenar juntos sin los niños para celebrarlo. Había perdido la costumbre de arreglarme de modo más especial; sin embargo, todavía hoy disfruto mucho recordando que durante la tarde de ese día los niñitos se dedicaron a darnos ideas de lugares a los cuales podríamos ir. Ellos estaban casi más emocionados que nosotros, sobre todo mi hija mayor, pues ella quería saber qué ropa me pondría, me insistía en que usara zapatos de tacón alto. Recuerdo con emoción el entusiasmo que manifestaban en relación con nuestra cena, porque entendían que esa salida era para celebrar la unión y el amor que nos tenemos sus papás.

Es muy bonito darse cuenta de que poco a poco los hijos reconocen lo importante que es que sus papás se quieran y lo agradecen. Es por eso que, aunque cueste salir de la casa y cueste dejarlos con los abuelos o con alguien que hayamos contratado para que los cuide, vale la pena intentarlo y hacerlo con regularidad.

Pasar tiempo juntos puede ser tan planificado como se quiera y muchas de las cosas que se van compartiendo en el tiempo de los cónyuges puede que terminen por convertirse en rituales o simplemente tradiciones, como jugar algún juego de mesa, bailar juntos de la nada, practicar un deporte o hasta compartir un hobbie juntos: actividades maravillosas que favorecerán la conexión matrimonial.

Con todo esto, sin embargo, no pretendo asegurar que el tiempo de los cónyuges es garantía de que no existirán dificultades en el matrimonio. Por eso, valdría la pena recordar como lo comenté al inicio del capítulo, que es completamente normal que existan momentos de dificultad; en cambio, es importante aprender a gestionarlos en favor de lograr complementarse mejor.

Lo normal de los primeros años de matrimonio mientras ocurre la adaptación es que afloren las diferencias, pues cada uno trae consigo una maleta de costumbres y hábitos y, sin advertirlo, muchas de ellas incomodan a nuestro cónyuge. Cantidad de matrimonios se distancian porque no coinciden en los gustos decorativos o la forma de guardar la ropa o por no dejar las cosas limpias y en el lugar deseado... cuestiones que parecen superficiales, pero que en realidad suponen de cada uno un gran esfuerzo para lograr acoplarse y compenetrarse cada vez mejor. Ni hablar de otros aspectos más profundos, como el manejo de las finanzas, los quehaceres del hogar o la crianza de los hijos, que son de esas realidades de las cuales hablo, pero que se van aprendiendo a llevar con mucho trabajo y con mayor fluidez a lo largo del tiempo cada vez que nos enfrentamos a ellas y las superamos.

LA VULNERABILIDAD Y LAS OFERTAS

Me gustaría hablar sobre un elemento que es fundamental en las relaciones amorosas, y es la **vulnerabilidad**. No debemos tener miedo a mostrarnos vulnerables frente a nuestros cónyuges, pues muchas veces sin darnos cuenta nos reservamos cosas e inconscientemente vamos impidiendo que nos conozcan a profundidad.

Cuando somos *generosos* en las conversaciones, permitimos que nos conozcan bien. Entonces, así ayudamos a que nos quieran del modo en que nosotros esperamos o simplemente del modo en que nos gusta que lo hagan. Demostrar nuestros gustos, nuestros intereses o las distintas situaciones que vivimos de manera consciente es una muestra de cariño también hacia el otro, pues eliminamos el daño que ocasionan las suposiciones.

Por otro lado, hay un estudio del psicólogo John Gottman sobre la interacción que tienen las parejas diariamente, a través del cual, Gottman logra demostrar que los "expertos" en sus relaciones *son aquellos que logran a lo largo de la jornada diaria conectar y responder* **positivamente** *a las ofertas que su compañero le va ofreciendo.* Esas ofertas generalmente vienen en forma de comentarios, preguntas o conversaciones.

El estudio demostraba que las parejas que más conectaban con las ofertas de su cónyuge permanecían juntas por más tiempo y eran más felices; mientras que aquellas que no conectaban, al pasar de los años se terminaban distanciando, pues ignoraban las ofertas o daban a ellas respuestas cargadas de juicio, sin empatía o cargadas de desinterés.

Deberíamos estar atentos a recibir esas ofertas como oportunidades para conocer más a nuestro esposo/a. Algunas de las formas para empatizar sobre lo que se nos comparte podrían ser: dejar de hacer lo que estábamos haciendo, escuchar con atención, evitar juzgar o incluso simplemente validar sentimientos o responder con verdadero interés.

Por ejemplo: nuestro esposo/a nos cuenta que ha leído un artículo que le ha gustado sobre la importancia de la buena alimentación para el desarrollo y buen funcionamiento del cerebro.

Algunos podrían responder sin mirar a los ojos, seguramente dirían alguna frase corta y de poco contenido (como "qué bueno") para seguir con su actividad y no permitir que se extienda el tema; o peor aún, juzgarían o harían conclusiones con comentarios parecidos a "¡yo creo que nosotros nos alimentamos suficientemente bien! ¿Estás pensando cambiar nuestras comidas?"

Pero los maestros (como califica Gottman a los expertos en sus relaciones), en cambio, dejarían lo que están haciendo para mirarle a los ojos y le dirían cosas como "¡Qué interesante! ¿Qué más dice el artículo? ¿Me lo podrías pasar para leerlo yo también? ¡Gracias por contarme!"

Gottman ha explicado en una entrevista que hay un hábito en la mente que los maestros tienen: *están escaneando del entorno social las cosas que pueden apreciar y por las cuales decir gracias. Están construyendo a propósito una cultura de respeto y aprecio.* Mientras que los "desastres" están constantemente escaneando del entorno social los errores de sus parejas.

Se ha descubierto que el *desprecio*, es el factor número uno que identifica a las parejas separadas. Las personas que se centran en criticar a sus parejas pierden el 50 por ciento de las cosas positivas que su pareja está haciendo y ven la negatividad cuando realmente ni existe... **La bondad, por otro lado, mantiene juntas a las parejas**; la bondad, hace que las personas nos sintamos atendidas, comprendidas y valoradas, y por ende amadas[26].

Y es que no existen personas completamente "defectuosas", lo bueno también hay que aprender a resaltarlo como también considerar y reconocer que individualmente todos tenemos algo que mejorar y luchar de manera continua.

Cada día hay que ir fortaleciendo el músculo de la bondad con pequeñas acciones que ayudarán a concretar el amor: pregúntale a tu cónyuge en qué le puedes ayudar y hazlo —asumiendo algún encargo—, envíale un mensaje cariñoso de texto durante el día, demuéstrale tu agradecimiento ante algún acto de servicio, propicia el contacto de piel con piel con abrazos y besos cada día, pues **las pequeñas cosas**[27] **y los gestos amables crean una base fuerte y podrían significar el éxito de la relación.**

---

[26] Del Real, J. (2018). *La ciencia afirma que las relaciones duraderas se reducen a 2 cualidades básicas.* Colombia: UPSOCL. Recuperado de
http://www.upsocl.com/comunidad/la-ciencia-afirma-que-las-relaciones-duraderas-se-reducen-a-2-cualidades-basicas/
[27] Gottman, J. (2023) *Small Things Often.* EEUU: The Gottman Institute. Recuperado de
https://www.gottman.com/podcast/

CONOCER LOS LENGUAJES DEL AMOR

El concepto de lenguajes del amor es algo que conocí hace algunos años. Gary Chapman, en su libro *Los 5 lenguajes del amor*[28], tiene cosas muy interesantes que aportar. Son muchas las relaciones de pareja que se van deteriorando con el pasar del tiempo y pocas las herramientas con las que se cuenta para reavivar el matrimonio en los casos en que haga falta o en las situaciones donde se ve disminuido el enamoramiento entre los esposos.

Estos cinco lenguajes no es que sean la *solución*, pero sí nos pueden ayudar de un modo específico y concreto a mejorar y entender sobre las maneras en cómo las distintas personas reciben o prefieren recibir **amor** para poder aplicarlo en nuestras vidas.

Hay personas que conectan con ***palabras de afirmación*** del tipo: te quiero, qué linda estás, gracias por estar a mi lado, etc.; otros necesitan mayor ***contacto físico*** como: un beso, un abrazo, agarrarse las manos o el encuentro sexual; también hay quienes se saben queridos cuando reciben algún ***regalo*** por parte del otro: pueden ser flores, chocolates, o cualquier detalle sin ninguna excusa o aquella cosa que sabíamos que deseaba para el cumpleaños, etc.; en cuarto lugar, están los que necesitan ***pasar tiempo de calidad*** junto a su pareja: como ir a cenar juntos, tomarse una cerveza o un vino para conversar, salir al cine o al teatro, ir de viaje... y finalmente los que especialmente valoran los ***actos de servicio o de ayuda:*** relacionados a las labores de la casa, de los hijos o incluso de cualquier trabajo físico o intelectual que no dependa de este exclusivamente.

Gary Chapman en su página web tiene un test virtual que evalúa cuál es nuestro lenguaje de amor favorito. Es importante saber que estas son maneras de amar y de recibir amor; pero puede que necesitemos *incluirlos* todos cuando de demostrar amor se trate. Lo que hay que tener presente es que habrá uno o dos de ellos que impactarán en el otro de manera más eficaz. En consecuencia, debemos enfocarnos en la forma en cómo se sentirá *mejor* querido y evitar hacerlo como quizás a nosotros nos guste querer o nos guste que nos quieran.

---

[28] Chapman, G. (2017) *Los 5 lenguajes del amor*. Colombia: Unilit.

IMPORTANCIA DE LA COMUNICACIÓN MATRIMONIAL

Una vez oí una historia que se me quedó grabada. Era sobre unos esposos que siempre celebraban sus aniversarios en una corrida de toros, porque era su tradición. Para la celebración de sus 60 años de casados, ella se atrevió a preguntarle si esa vez podrían hacer algo distinto... su esposo no entendió, porque hasta ese momento pensaba que eso era lo que ella más disfrutaba. Sin embargo, no era así: ella le explicó entonces que siempre había mostrado que le encantaba porque eso era lo que más le gustaba a él. En suma, ninguno era fanático de las corridas y ambos celebraban cada año así sus aniversarios para hacer feliz al otro.

Esta historia puede darse en nuestras vidas de alguna forma. Los actos de generosidad te llevan a estar feliz por la persona por quien los haces, sin embargo, ¡qué importante es la comunicación para decir las cosas oportunamente! ¿Cuántas corridas de toros podrían haberse ahorrado los dos?

La comunicación es uno de los elementos más importantes en las relaciones entre las personas, pero por lo general todos fallamos muchas veces y nos sentimos fracasados, incluso le hacemos daño a la unión matrimonial por no querer o no saber cómo expresar las cosas.

Me gustaría comentar algunas ideas que son importantes a la hora de fomentar una buena comunicación con nuestro cónyuge:

1. **Comunicación continua y variada:** no sólo hablar de cosas pendientes, responsabilidades o temas relacionados a la rutina. La conversación tiene que incluir temas agradables que nos distraigan, nos diviertan y nos unan en ámbitos distintos a nuestro rol de padres o gerentes del hogar.

2. **Ser asertivos:** cuando decimos las cosas no dejamos espacio para las suposiciones... hay que saber expresarse con libertad cuando haya algo que nos moleste o nos guste. Hay un dicho que dice "si no lo dices, no lo sé"[29].

---

[29] Cuando hicimos el curso prematrimonial con Froila y German (papás de una amiga muy querida —además madrina de nuestro matrimonio— y expertos conferencistas sobre amor matrimonial) nos contaron la anécdota del collar de perlas. Trata sobre una mujer que le dijo a su esposo días previos a la fecha del aniversario: "soñé que me regalabas un collar de perlas" y le preguntó: "¿qué significará?" su esposo le contestó con entusiasmo: "ya lo sabrás"; llegado el aniversario, ella recibió una caja rectangular envuelta y muy emocionada la destapó... con la sorpresa de ver un libro llamado Interpreta tus sueños.

3. **El halago:** digamos también aquello que nos encanta de la relación. Es importante demostrar admiración por nuestra pareja y dar cumplidos siempre que podamos.

4. **Aprender a empatizar:** la mayor parte de la comunicación tiene que ver con la capacidad que tengamos de comprender al otro. La comunicación no se da únicamente con palabras sino con todo el cuerpo, y nuestro cónyuge seguramente no desea que le solucionemos las cosas que nos comunica; en cambio, podría necesitar que le escuchemos o le acompañemos en el sentimiento.

5. **Cuidar la forma al hacer una crítica:** antes de manifestar lo que no nos gusta o lo que sea que llevamos por dentro, sería bueno practicar algunas técnicas de comunicación para que esta sea exitosa:

- *Hablar en primera persona:* cuando hablamos en primera persona, el que recibe la crítica estará más abierto a escuchar lo que se le dice. Por ejemplo: en lugar de decir "nunca ayudas con los niños" podríamos decir "últimamente me he sentido muy cansada, me gustaría que cuando llegues del trabajo me ayudes a bañar a los niñitos". Así la otra persona no se siente juzgada y empatizará mejor con el mensaje. Tampoco tendrá argumentos para contradecir el hecho de que nos sintamos cansadas y sobre lo que queremos.

- *Criticar la acción y no a la persona:* nuevamente, para evitar hacer sentir juzgado al otro, intentemos hablar sobre los hechos que no nos gustan: en lugar de decir "siempre dejas la ropa en el suelo, eres un desordenado" intentemos algo como "cuando la ropa está en el suelo todo se ve muy desordenado, quisiera que la llevarás directo a la cesta de ropa sucia".

- *Esperar estar calmados para hablar:* mucho de lo que decimos lo hacemos impulsivamente, "en caliente" como se dice. Por lo general, vale la pena contenerse y esperar a que pase la emoción; luego nos acercaremos tranquilos para transmitir nuestro disgusto escogiendo el mejor momento para hacerlo.

- *Evitar palabras como nunca, siempre, todo, nada:* las generalidades no son bien recibidas, porque en gran medida no suelen ser realidades verdaderas. En lugar de decir: "nunca me dices que me quieres", sería ideal decir: "últimamente me dices pocas veces que me quieres".

- ***Evitar gestos y frases dañinas cargadas de negativismo o frustración:*** por lo general la queja y la ironía no soluciona absolutamente nada "es increíble que no puedas ayudarme con los niños", "¿hasta cuándo hay que aguantar que dejes todo desordenado?", "sigue viniendo tarde del trabajo para que no llegues a la cena en familia"... Creemos que por decir frases como estas mientras volteamos los ojos, tiramos una puerta o golpeamos algún objeto lograremos que cambie la situación; pero realmente lo único que se logra es hacer sentir mal al otro y no lo alentamos a mejorar en ningún aspecto que nos haya incomodado. Intentemos las técnicas anteriores y cuando notemos que nuestro cónyuge se ha esforzado en aquello que le hemos transmitido hagámosle comentarios positivos y de agradecimiento, este es el camino que realmente alienta a las personas a seguir esforzándose.

- ***Tomar responsabilidad:*** evitando tener una actitud de defensa con frases parecidas a: "no será mi culpa que lleguemos tarde... ya que como siempre te vistes en el último minuto", podemos manifestar de modo respetuoso lo que nos molesta y al mismo tiempo adoptar una actitud más comprensiva tomando parte de la responsabilidad: "no me gusta llegar tarde, pero tienes razón en que algunas veces exagero al querer estar listos con tanta antelación, sin embargo si hubiese algo en lo que pueda ser útil para agilizar el proceso, sabes que cuentas con mi ayuda", buscando así ser un poco más flexibles y útiles.

LA DONACIÓN DEL CUERPO

El amor entre los esposos se manifiesta de muchas y distintas maneras, pero quisiera hacer énfasis en que pasar tiempo juntos es algo que se "puede" hacer con cualquier persona, en ese sentido busco enfatizar la *importancia de la intimidad sexual matrimonial.* Es el único aspecto que, en el fondo, en realidad, diferencia el amor matrimonial de otros tipos de amor como el de amistad, o el amor a un hijo, etc. Para amar con **la totalidad de la persona,** siendo el cuerpo parte de nuestro ser, es un aspecto fundamental del matrimonio.

La relación sexual conecta a los esposos de una manera muy profunda. De hecho, hay expertos que comentan que *este es, para el varón, el elemento más importante de su matrimonio,* quizás no es que para la mujer no sea importante, es simplemente que la sexualidad masculina y femenina no son iguales, pues se manifiestan y tienen significados diferentes. A la mujer le gusta disfrutar del acto sexual, pero cambia en la forma de complacencia; ella requiere una mayor dedicación y continuidad para ayudar a mantener vivo el deseo sexual; incluso no sólo dedicación en el preciso momento del acto, sino puede que desde el momento en el cual terminó el último encuentro e integrando otros ámbitos distintos al sexual (hogar, crianza, desarrollo personal y humano, etc.).

Por otro lado, si hiciéramos un símil con la comida, la mujer sería de cocción lenta, mientras que el varón de cocción rápida. Para ella es más importante el sentido del tacto, el olfato y el oído en lugar de lo visual (el cual es más importante para él).

Finalmente, es equivocado pensar que el hombre no involucra emocionalidad en el sexo; pues para él, el acto sexual va más allá de satisfacer su deseo, es más bien **el lenguaje a través del cual satisface la necesidad de ser amado o deseado**[30]. De hecho, otra evidencia que revela la generosidad del hombre y el cuidado que tiene por su pareja, es el placer que experimenta al ver a su compañera disfrutar[31]. Este placer es importante para los hombres porque les confirma que no están siendo depredadores[32].

Si el ámbito de la sexualidad no va bien, en general, la estabilidad del matrimonio se ve afectada directamente. A lo largo de la vida matrimonial es normal que alguno de los dos no se sienta complacido respecto a su vida íntima, sin embargo, hay que tratar de salir de esa situación rápidamente. Por ello, la comunicación nuevamente cobra importancia. Pueden existir diferentes factores que estén afectando y vale la pena conversar con el cónyuge sobre ello.

Es posible que entre algunos esté: falta de tiempo, estrés, agobios, cansancio, etapas de la vida familiar como cuando se acaba de tener un bebé, falta de conexión emocional, inconformidad con el propio cuerpo, o incluso que alguno de los dos no esté disfrutando de las relaciones íntimas[33].

---

[30] Canavox (2019). *Arte de la intimidad sexual del matrimonio.* EEUU: Canavox. Recuperado de https://canavox.com/wp-content/uploads/2019/12/El-Arte-de-la-Intimidad-Sexual-en-el-Matrimonio.pdf

[31] Canavox (2019). *Arte de la intimidad sexual del matrimonio.* EEUU: Canavox. Recuperado de https://canavox.com/wp-content/uploads/2019/12/El-Arte-de-la-Intimidad-Sexual-en-el-Matrimonio.pdf

[32] Perel, E. (2019). *El dilema de la pareja.* Planeta Publishing.

Hay que evitar discutir sobre sexo, es mejor hablar y tratar de implementar acciones en favor de cambiar esta situación; algunas podrían ser: encontrar horarios para el descanso, hacer actividades que ayuden a conectar emocionalmente, como ir a una cita, comprar ropa íntima que les haga sentir más atractivos, hacer ejercicio, comunicar qué cosas nos gusta hacer durante el encuentro sexual, cuidar los espacios para el encuentro íntimo evitando que el trabajo, la rutina o los hijos acaparen las energías y el tiempo, o simplemente recordar que hacer el amor aumenta el deseo sexual (por las endorfinas liberadas con el acto sexual que invitarán a ambos a querer encontrarse nuevamente)[34].

EL PERDÓN Y LA AYUDA DE DIOS

Cuando nos enteramos de que algún familiar, amigo o conocido se compromete, suele abrirse la conversación hacia alguno que otro consejo matrimonial.

Una historia que no falla es la de los señores que cumplían su 50 aniversario de bodas. Durante el brindis, uno de los hijos les pregunta si tienen algún consejo que pudieran compartir con todos para ser felices en sus matrimonios como ellos. A lo que contesta la madre: "nada en especial… sólo mucho amor, comprensión y respeto", pero el padre añade que él sí aplicó un consejo que le dieron el día de su matrimonio: que escribiera una lista de las diez cosas que, sin importar lo que pasara, él aceptaría de su esposa y de su matrimonio.

Todos alegres brindaban hasta que nuevamente su hijo interrumpió preguntando con picardía "¿y cuáles eran esas cosas?", a lo que él contestó: "nunca hice la lista, pero cada vez que me incomodaba algo de tu mamá o pasaba algo particular, internamente me repetía ¡esa es una más de la lista!" ♡

---

[33] Las mujeres, como ya comentamos, necesitan recibir muestras de amor a lo largo de todo el día. Conocer las diferencias entre lo femenino y masculino podría aportar mucho en este aspecto. La mujer está configurada para acoger y el varón para darse, en ese sentido no puede ser igual la forma de comunicarse sexualmente (ella es protectora de su intimidad y por eso le cuesta más confiar y relajarse). Y si una mujer queda a medias, es más difícil que se repita el encuentro sexual. Es por eso que es necesario que ella comunique aquello que le gusta para que el hombre sepa por donde se debe guiar y logre así complacerla (Rafael Lafuente). *Una relación sexual satisfactoria y placentera para ambos es un boleto prácticamente seguro para una siguiente relación sexual.*

[34] Canavox (2019). *Arte de la intimidad sexual del matrimonio.* EEUU: Canavox. Recuperado de https://canavox.com/wp-content/uploads/2019/12/El-Arte-de-la-Intimidad-Sexual-en-el-Matrimonio.pdf

Esta historia es una buena manera de recordar la importancia del **perdón**. Y es que todas las parejas atravesamos alguna crisis, situación de conflicto o incluso discusiones e incomprensiones que nos hacen pasarla mal.

Sin embargo, estar dispuestos a perdonarnos rápidamente las diferencias es lo mejor que podemos hacer los esposos a favor de la unión matrimonial. Con esto no me refiero a los casos donde exista alguna causal de separación permanente, sino a los conflictos que con voluntad, trabajo, paciencia y empatía pudieran solucionarse o mejorar.

Una vez nos dijeron que es ideal solucionar cualquier conflicto o pelea antes de dormir. Lograrlo es un gran reto, sobre todo porque sin duda el sentimiento de orgullo e indignación se va interponiendo entre los esposos. No importa quién haya comenzado la pelea... Héctor y yo tenemos un lema: "para pelear se necesitan dos", es decir, en una discusión cada quien posee una cuota personal de culpa y es responsable de ella.

Lo interesante es que cuando alguno de los dos se adelanta a pedir disculpas o a suavizar la pelea, el otro lo agradecerá tanto que probablemente la siguiente vez se anime a ser el primero en dar su brazo a torcer. Cuando existe el perdón, ambos se benefician, mientras que cuando prevalece el rencor y la soberbia, ocurre exactamente lo contrario, ambos pierden.

> *Cuanto más tardamos en perdonarnos, la situación se va agrandando como bola de nieve que cae de la montaña y crece sin parar.*

Héctor y yo tenemos un lenguaje para pedirnos disculpas; y este es tocarnos así sea con "la punta del dedo del pie" cuando nos acostamos a dormir. Luego es más fácil avanzar hacia una verdadera reconciliación. Otra manera que usa Héctor para demostrar su apertura a la reconciliación es hacerme la pregunta "¿rezamos juntos antes de dormir?" ¡Y sí que le funciona esta última, porque sabe que ante esa propuesta no me voy a negar!

De este modo, me gustaría terminar este capítulo resaltando que *incluir a **Dios** en nuestros matrimonios los fortalecerá cuando humanamente sentimos que no podemos.* Puede que en determinado momento sintamos que nuestros esfuerzos no son suficientes y los medios humanos se nos agoten; entonces, pedirle a Dios que nos ayude y que utilice todo nuestro esfuerzo en favor de sacarnos de cualquier crisis que podamos estar atravesando es la vía: confiando, empezaremos a *experimentar el sentido que tiene la lucha y la perseverancia:*

Marido + Mujer = 2

Pero

Marido + Mujer + Dios =
Infinitas posibilidades de superar, felices, los obstáculos[35]

Finalmente pensemos que, aunque el matrimonio —la unión de un hombre con una mujer, permanente y con posibilidad de que trascienda con la procreación— es una cuestión natural de la persona humana, cuando viene acompañado de la gracia de Dios y del sacramento del matrimonio, los esposos reciben una fuerza **extra.**

A pesar de que las estadísticas digan que cada año menos gente se casa, se sabe que la estima del matrimonio no ha disminuido, pues los jóvenes todavía anhelan un amor verdadero y duradero con el cual puedan formar familia, el problema es que se sienten desorientados y no saben cómo alcanzarlo.

Una vez escuché que una de las mejores formas de saber si amamos es pensar en el otro como esa persona que quieres que exista siempre. La persona "ideal" para alguien es también aquella por la cual nos movemos a mejorar en algo y es la persona que contiene las bondades que de alguna manera nos acercan al bien, en definitiva, nos acercan a Dios. Y pedirle a Dios luces sobre quién es la persona ideal puede ser una buena manera de estar seguros cuando encontramos el amor de nuestras vidas —recuerdo que mucho antes de conocer a Héctor ya yo pedía en mis oraciones por la persona con quien formaría mi familia y también le pedía que me ayudara a saber y estar segura cuando la encontrara. Un año decidí hacer la novena a la Inmaculada Concepción con la intención de que ella me ayudara a "saber" quién sería esa persona ide-

---

[35] SalcantayTV. (16 de octubre de 2017). *Cristian Conen: Claves para ser felices y hacer felices a las personas que queremos* [Archivo de video]. Youtube. https://www.youtube.com/watch?v=qcaakpsJ91g

al para mí... y pues, ¿sabían que nuestra primera cita formal fue un 8 de diciembre (día de La Inmaculada)?— Yo les cuento a mis hijos esta historia, y desde ya les digo que pueden pedir a Dios por sus futuros esposos/as y familias.

7.

El trabajo
y la economía familiar

¡Los hijos vienen con una arepa debajo del brazo!, eso decía mi abuelo, Papapa, quien tuvo ocho hijos junto a mi abuela. Él fue un ingeniero muy destacado para la época en Venezuela, quizás de entre las obras más importantes que realizó fue la construcción de la última etapa de la represa del Guri. Por esa razón, mis primeros años de vida los viví en los campamentos de la obra, pues mi papá trabajaba con mi abuelo como uno de los ingenieros directores.

Y cómo no mencionar esta historia, si abrí mi blog a los dos días de la muerte de mi abuelo. Recuerdo que en el velorio me encontré con mi querida profesora de filosofía Gisela, a quien admiro mucho y es quizás la culpable de que no pueda evitar escribir con el toque profundo que ya habrán notado, pues ella me hizo amar la filosofía... Ese día, ella me preguntó qué estaba haciendo.

Yo le conté que, en ese momento, con tres hijos pequeños, estaba de mamá y esposa a tiempo completo. A lo que ella me dijo: "tienes mucho que dar, busca una manera de impactar desde lo que haces". Fue cuando abrí el blog y comencé a escribir artículos sobre familia que compartía por Facebook. Mis primeras publicaciones recibían cientos de visitas y eso me fue llevando a crear la cuenta en Instagram de @hablemosobrefamilia, gracias a la cual me contactaron para el trabajo que hice en Canavox.

Referencias del trabajo bien hecho, Héctor y yo tenemos muchas, entonces la responsabilidad es grande. Nuestros padres y abuelos asumieron cantidad de trabajos desde sus profesiones como ingenieros, arquitectos y farmaceutas; también siendo pioneros en numerosos negocios y vendedores destacados...

Han sido personas que nos han dejado una huella muy profunda con su ejemplo y enseñanzas. Sin duda alguna, son líderes que de alguna manera nos inculcaron el amor por Dios, el trabajo, el país y la familia.

Por eso quisiera contarles un poco cómo hemos incorporado nosotros todos esos valores y también la manera como hemos *surfeado* las distintas etapas para sacar adelante nuestra familia.

Héctor y yo nos casamos particularmente jóvenes y comenzamos a hacer familia muy pronto.

Si me preguntan si me arrepiento, siempre diré que no. Sin embargo, es una realidad que cuando se tienen hijos pequeños, hay que pasar una etapa muy demandante y en algún sentido las cosas cambian, las prioridades son otras.

Hace un tiempo hicimos un viaje con unos primos; uno de ellos, que nos veía tan ocupados a toda hora, en un momento nos preguntó a varios de los que estábamos con familia que cómo hacíamos con los chamos para concentrarnos en el trabajo. Y es que solo de vernos, pensaba que era imposible ser productivos laboralmente.

No deja de tener razón y sentido su razonamiento; pues hay épocas en las que realmente cuesta salir y sacar adelante económicamente a la familia; no es tanto algo que sea imposible, pero sin duda es algo que requiere de mucho esfuerzo.

Nosotros, por ejemplo, pasamos muchos años viviendo alquilados; exactamente doce años hasta que logramos comprar nuestra casa después de vivir en cinco sitios diferentes.

Es cierto que somos expertos en mudanzas y en vivir en espacios apretados. Pero también sabemos sobre el rendimiento que se puede llegar a tener cuando la dinámica aprieta. *Debes hacer un equipo y debes compartir las responsabilidades.*

Particularmente, he trabajado en distintas cosas, según las diferentes épocas de mi vida, siendo mamá de varios niños pequeños. También he dejado de trabajar para prestar más atención y enfocarme en la familia, cuando pensamos que lo requería y cuando quizás mi aporte económico ya no definía tanto la estabilidad.

Lo de "la arepa debajo del brazo" nosotros lo vivimos tal cual...

Cuando íbamos a tener a nuestro hijo Pablo, en Venezuela se vivía con muy pocos dólares, porque había muchísima devaluación del bolívar; por eso hacía un tiempo habíamos decidido no renovar más nuestro seguro médico internacional, pues la prima en dólares significaba un gasto muy elevado para nosotros. Pero al quedar embarazados, ya no tendríamos el parto incluido. Sin embargo, llegado el momento del nacimiento de Pablo, resultó impactante que ese mismo día a Héctor le aprobaron una tarjeta de crédito por el monto exacto de lo que costó la cesárea (cabe acotar que la devaluación era tal, que sabíamos que el crédito se desvanecería al poco tiempo).

Las familias viven este tipo de cosas... épocas dinámicas, de aprietos, pero también otras de mayor estabilidad.

Nos encanta una frase que unos amigos usaban como lema para su compañía y que definía su actitud para ganar en los negocios: "si hay miseria, que no se note".

Nos gusta la frase, porque es aplicable a nuestras vidas. En cierto sentido, esta frase viene cargada de *esperanza, buena actitud y confianza.*

Te permite saltar hacia adelante, siendo creativos, trabajando y ayudando a centrarse más en lo que haya que ocuparse. Si toca celebrar algo, lo hacemos según las posibilidades del momento; si queremos escaparnos sin niños, también buscamos encontrar el tiempo y el dinero para hacerlo...

Hay un tema importante que es aprender a establecer prioridades y recordar que *una vida cómoda no es exactamente igual a una vida feliz.* Sin olvidar que sin duda el dinero es un medio **importante** para sacar adelante a la familia y para proporcionar lo necesario; pero siempre teniendo en cuenta que "debería estar al servicio de la familia, y no al revés".

La inmediatez nos lleva a querer tener todo resuelto de una vez, pero hay que ser pacientes. Eso no quita que tengamos que esforzarnos cada día y planificarnos de tal modo que sepamos que vamos haciendo las cosas bien.

Pero saber que la "situación ideal", específicamente hablando de la economía familiar, es muy difícil de alcanzar y estar consciente de ello es bueno, porque así no nos paralizamos esperando que todo esté perfecto para lanzarnos a formar una familia o a tomar decisiones sobre gastos que se deban hacer. Hay una frase que dice: "se gasta en lo que se deba, aunque se deba lo que se gaste" (esto lo aplico cuando tengo la duda de si conviene o no hacer determinado gasto... si luego de analizarlo es una necesidad, pues se procede; si es un capricho o un lujo, es mejor descartarlo).

Muchas veces tenemos los fondos y no los utilizamos en beneficio de la familia, por miedo a no tener el tan deseado colchoncito en el banco; y esa frase nos puede dar luces sobre si estamos tomando la decisión correcta en determinado momento.

Cuando incurrimos en algún gasto que no "es necesario", es porque antes ya hemos asegurado lo básico o fundamental y además se ha logrado ahorrar un poco. También recordemos que lo único que ganamos cuando nos arropamos más de lo que nuestra cobija aguanta, son nuevas presiones innecesarias. Y siempre debería haber un orden en esos gustos: **primero los esposos** y luego, luego los hijos —si sobra algo, invertir en nuestro matrimonio siempre debería estar antes que complacer cualquier capricho de un hijo—.

Finalmente hay que evitar compararse con otras familias o realidades, al igual que intentar ser agradecidos con lo que vamos logrando y con lo que tenemos. A veces nos empezamos a preocupar demasiado por el futuro, que es impredecible, y no vale la pena. Vivir enfocados en el **hoy** es una forma muy sana de sobrellevar las cosas.

8.

Trato con Dios
y sentido de vida cristiana

Hace años hice un viaje de trabajo a New Jersey y Héctor se quedó cuidando a los niñitos por una semana; era la segunda convención de Canavox a la cual asistía en Princeton en los espacios del Witherspoon Institute. Fueron días muy provechosos para compartir con todas las líderes de los diferentes países, también para seguir formándonos y establecer metas para un nuevo año. Luego aproveché para visitar a mi hermano Luis, mi cuñada y ahijado, en New York, donde vivían en ese momento.

Apenas volví conocí al señor *Ángel*, un chofer que Héctor no tardó ni un momento en contratar para que lo ayudara durante esos días. Pues Héctor, no sé cómo lo logra, pero tiene una gran capacidad de delegar y siempre formar un equipo.

Héctor me echó el cuento de cómo fue que lo contrató: ya había entrevistado a otros, pero nada más su nombre, le daba buen *feeling*. De entre las preguntas claves estuvo si sabía rezar la oración del ángel de la guarda. Y, por supuesto, lo sabía. Para Héctor esto era fundamental pues, hasta entonces, siempre había sido él quien llevaba a los niñitos al colegio y parte de su rutina consistía en rezar con ellos dicha oración.

El señor Ángel se quedó con nosotros un buen tiempo y nos ayudó en su momento con diligencias y varios transportes.

El ángel de la guarda es esa oración que nos acompaña todo el tiempo. Una vez le pregunté a mi abuela Yeya cómo hacía para cuidar a sus ocho hijos y sobre todo cómo lograba que estuvieran a salvo... recuerdo que se rieron de mí, mi papá y ella, porque en ese momento yo experimentaba a cada rato el peligro constantemente al ver a mis hijos montados en un muro, chupando una moneda, jugando con una afeitadora, y pare de contar. Mi papá entonces sólo dijo: "¿te acuerdas de que existen los ángeles de la guarda?"

Yo los encomiendo siempre a sus ángeles de la guarda, al mismo tiempo que *pongo* **todos** *los medios para que estén siempre lo mejor cuidados que se pueda.* Eso no quita que existan las constantes caídas: chichones, raspones, alguno que otro punto y cantidad de cosas que pueden suceder.

Los ángeles de la guarda existen y no hay mejor guardaespaldas que ellos. ¡Pero claro hay que querer que nos cuiden... y pedírselo!

Siempre pienso que el trato con Dios es más auténtico cuando procuramos hacerlo de modo **sencillo.** Muchas veces, cuando nos sentimos alejados de Él, suele ser suficiente empezar por recurrir a aquellas cosas que tenemos instauradas porque nos las han enseñado cuando éramos pequeños.

Las oraciones que practicábamos cuando niños nos acompañan toda la vida; por eso, para mí es motivador mostrarles a mis hijos que esa es una manera sencilla de acercarse a Dios todas las veces que sean necesarias, especialmente si por alguna razón se han apartado de Él (como las tres Ave Marías antes de dormir o el ofrecimiento del día al despertar, pequeñas jaculatorias, miradas a la Virgen, algún rato de conversación con Dios, el ángel de la guarda, la bendición de la mesa, acciones de gracias...) No hay que comenzar por lo grande sino por lo pequeño.

UNA ORACIÓN CONTINUA

Como muchas otras madres, justamente con los hijos puedo estar muy ocupada; siempre habrá algo que hacer y donde invertir el tiempo. En muchas ocasiones siento que voy haciendo todo en automático, sin prestar mucha atención a lo que sucede. La vida de las madres es sumamente demandante y solemos olvidar atendernos a nosotras mismas y dedicarnos el tiempo que necesitamos para estar bien.

Es por eso que, desde siempre, cuidar mi vida interior ha sido muy importante para mí. De alguna manera, es ella la que me sostiene dándome la fortaleza que hace falta para aprender a llevar cada día con sentido y con la mejor actitud posible.

Me resulta necesario tener diariamente espacios para hacer oración y enriquecer mi trato con Dios. Pero todas las cosas fundamentales de la vida necesitan de trabajo, dedicación y un orden; sin eso, es muy fácil dejarnos llevar por el rumbo y la corriente de nuestro alrededor. La vida interior no se escapa de esa realidad, por lo que para vivir cerca de Él es preciso ordenar en algún sentido la vida espiritual.

El éxito no lo he encontrado de la noche a la mañana. La vida es dinámica y suceden muchas cosas a lo largo de las diferentes etapas. Sin embargo, con rutinas y hábitos se puede lograr mucho en este aspecto.

Los hábitos ayudan a que las cosas se hagan de modo natural y de la manera menos forzada posible. El trato con Dios no debería ser algo que se haga en paralelo, ni debe llevarse como una especie de doble vida. Una vez me dijeron que la vida interior debe adaptarse a lo cotidiano, como el guante de látex a la mano del médico... el trato con Dios es algo que te acompaña en tu vida sin apartarte de lo que haces.

Así es como cada día voy teniendo una continua oración y conversación tanto interna como externa con Papá Dios, en la cual voy contándole sobre mis proyectos, angustias o miedos, alegrías, objetivos, planes de acción, cuestiones a mejorar. Al final es como ir construyendo una amistad verdadera con Él... y para ello se necesita tiempo, conocimiento, generosidad, entre otros, que son aspectos fundamentales para poder ir estableciendo una relación personal.

Por otro lado, el hogar; además de ser el lugar donde crecemos, nos educan y alimentamos el cuerpo; es también un lugar para alimentar el alma. Nuestro hogar debería ser el sitio donde mejor podamos lograr unirnos y conectarnos con Dios.

Si nosotros como padres logramos que nuestros hijos aprendan que Dios es un padre amoroso que no nos deja de querer aunque nos equivoquemos (de la misma manera como nosotros les queremos a ellos desde pequeños con todos y cada uno de sus tropiezos) y logramos que sepan que la Iglesia en lugar de ser excluyente, en lugar de ser un sitio para gente perfecta, es en cambio un lugar mucho más parecido a un hospital que busca curar a los enfermos... entonces ya hemos logrado mucho más de lo que deseábamos.

UNIDOS A DIOS SIEMPRE, EN LAS ALEGRÍAS Y EN LAS TRISTEZAS

Suele existir la preocupación de que nos atasquemos, o nuestros hijos lo hagan, en el plano espiritual, quizás porque sabemos que ser coherentes y elegir siempre el bien es difícil y poco probable. También requiere de humildad para aceptar ese momento en que nos hemos equivocado y de fortaleza para volver a empezar.

Recordemos que, a nuestro favor, siempre nos acompaña el ejemplo: nuestros hijos nos ven... nos ven equivocarnos, pero también nos ven luchar y rectificar, se dan cuenta de que cuando nos acercamos a los sacramentos estamos más **contentos** y nos sentimos plenos.

Y es que cuando acudimos con frecuencia a los *sacramentos, vamos llenando el tanque de amor a Dios que es lo que nos va dando fuerza para todo, pues es Dios quien nos ayuda a ser buenos.* Suelo tener presente que, aunque Dios siempre nos busca, nosotros libremente hemos de corresponderle con lo cotidiano, ofreciendo nuestro día a día y no sólo cuando sentimos que le necesitamos. Compartimos las cosas buenas, las celebraciones y cualquier cosa por la que hayamos de dar gracias.

Dios no se deja ganar en generosidad, esta es una frase que siempre llevo presente. La vida sin duda viene llena de contrariedades, pero también viene llena de cosas maravillosas, empezando por la propia vida y la propia familia. Dios siempre está ahí para sacarnos adelante, mostrarnos oportunidades y por supuesto que está ahí cuando pasamos por algún momento doloroso o de dificultad.

Hace poco sufrimos la dolorosa y temprana partida de mi suegro a causa del Covid, sin duda una cuestión muy difícil de entender y de poner en perspectiva. El duelo ha estado presente desde entonces en nuestras vidas y es una marca que llevamos todos, sin duda de modo más profundo Héctor, sus hermanas y mi suegra, pero también en gran medida mis hijos, sobrinos, concuñados y yo misma.

Definitivamente, en esos momentos, no le cabe a uno que la muerte pueda significar algo bueno. Pero también es cierto que sin la oración —como decimos en la casa— no hubiésemos podido sobrellevar el tiempo que duró la enfermedad con serenidad. Durante más de un mes, un sacerdote amigo de la familia, de modo muy cariñoso y especial, nos acompañó diariamente con la celebración de una misa virtual a la que se conectaban muchos de nuestros familiares y amigos mostrándonos su apoyo en un momento tan complicado y en el que, mundialmente, todo estaba cerrado, incluyendo las iglesias.

La oración llena, fortalece, te carga en los momentos de dificultad. Sabemos que todos nos vamos a morir, pero nadie quiere experimentar la muerte de ningún ser querido y menos si de alguna manera se va antes de tiempo. En esos momentos debemos esforzarnos y recordar que justamente, si nuestro fin es llegar al Cielo, la muerte es sólo una separación temporal, pues la **esperanza** de todo cristiano radica en el reencuentro eterno junto a Papá Dios.

9.
Tiempo con los hijos
para conocerlos y conectar

Nuestros hijos no nos van a recordar por las cosas materiales que les hayamos dado, sino por los momentos en que hayamos logrado conectar con ellos.

Cuando están pequeños, logramos una conexión muy natural con nuestros hijos, pero a medida que van creciendo tenemos que concientizar otras formas de lograr hacerlo.

Creemos que sabemos mucho sobre ellos, pero poco a poco cada quien va formando su propia personalidad, incluso van cambiando de gustos con el pasar del tiempo y más adelante ya no desearán compartir todo su interior con nosotros como al principio, pues comienzan a desarrollar la intimidad.

La conexión de los padres con los hijos es muy importante porque fomenta la *confianza y la unión*, en ese sentido es bueno pasar tiempo a solas con cada uno y dedicarles tiempo exclusivo.

Hay una creencia sobre que los niños necesitan tiempo de calidad con sus padres... a mí me gusta agregar a esa verdad que no sólo necesitan tiempo de calidad sino también cantidad de tiempo. Comprendo el punto de que si esa cantidad de tiempo no es de calidad, no sirve y en eso estoy de acuerdo; *pero entre más tiempo de calidad* podamos pasar con nuestros hijos, será mucho más fácil conocerles —que es quizás lo más importante a la hora de lograr conectar con ellos—.

> Hay que ser **muy observadores** y prestar atención a sus intereses y a la forma en como suelen acercarse a nosotros. Generalmente los niños buscan nuestra atención en muchos momentos *y podemos aprovechar sus iniciativas para ir descubriendo la mejor manera de hacerles sentir queridos.*

Recordemos el concepto de los lenguajes del amor que se describió en el capítulo 6 dedicado a los esposos y consideremos esta idea para usarla como herramienta con los hijos. Gary Chapman escribió un libro dedicado a los niños y quisiera dejarles algunas descripciones de cómo nuestros hijos podrían estar manifestando su lenguaje de amor.

Cuando nos invita a ver una película, a jugar pelota o a la casita... probablemente nuestro hijo necesita *pasar tiempo de calidad con nosotros*. Pero si nuestro hijo nos dice cuánto nos quiere constantemente y nos pide que comentemos su dibujo o nos pregunta si nos gusta la ropa que ha escogido... seguramente es un niño que se siente querido con *afirmaciones y halagos*. Por otra parte, si notamos que nuestro hijo se rehúsa con frecuencia a hacer los encargos de la casa, pero en cambio suele exigir favores y hace muchas peticiones al día... es porque su lenguaje de amor apunta hacia los *actos de servicio*.

Finalmente, los niños que piden que te acuestes con ellos antes de dormir, que le des cariño en su espalda o cabeza y se acercan continuamente a darte abrazos y besos, son niños que buscan mayor *contacto físico*. Y si nuestro hijo suele regalarnos un dibujo hecho por él, o una flor que encuentra en su camino, y por otro lado sueña con su cumpleaños y manifiesta constantemente aquello que desea adquirir, debe ser un niño cuyo lenguaje amoroso tiende a los *regalos*.

Recordemos que los lenguajes del amor son solo una guía que nos puede ayudar a apuntar al centro de la diana respecto a las necesidades afectivas más importantes de cada uno de nuestros hijos. Pero como sucede con los esposos, debemos estar atentos a demostrar nuestro cariño usando, en la medida de lo posible, **todos** los tipos de amor.

Lo que debemos evitar es enfocarnos en uno de ellos que de pronto nuestros hijos no valoran. Si nos dedicamos a exigir a nuestro hijo que cumpla con sus encargos, pero no somos capaces de llevarle una merienda y hacerle uno que otro favor, nunca lograremos hacerle sentir verdaderamente querido si su lenguaje principal es los *actos de servicio*. O por otro lado, si le demostramos nuestro aprecio con halagos y afirmaciones, pero no aceptamos las repetidas invitaciones al juego de aquel que prefiere pasar *tiempo de calidad* con nosotros, entonces nuestro hijo no podrá llenar su tanque emocional como lo amerita.

Me gustaría agregar que como nada es constante y las situaciones no son siempre lineales, lo natural es que a veces vayamos bien y otras no tanto. Es difícil al tener varios hijos lograr dedicarles tiempo de calidad y en exclusiva a todos todo el tiempo. Además, los niños no son iguales y unos demandan más que otros (los pequeños, por ejemplo, suelen necesitar más ayuda, no son capaces de regular sus emociones, etc.).

En cuanto a la exclusividad, hay que ser *creativos* sobre las maneras eficientes de poder hacer cosas juntos y *hacerles sentir que son hijos únicos* por algunos instantes.

Por ejemplo, aprovechar después de un partido de fútbol para ir a comer un helado con el que jugó, invitar a la peluquería a alguna de las niñas, o si toca hacer una diligencia específica con alguno de ellos, como ir al odontólogo, entonces aprovechar de hacer algo especial: sentarnos en algún lugar para hablar, tomar un jugo, compartir a solas, etc.

EL JUEGO Y ACTIVIDADES EN FAMILIA

Piedra, papel o tijera, 1, 2, 3 ¡ya! Este es uno de los juegos favoritos de los niñitos con su papá y lo juegan muy a menudo. A veces hasta envidio esa facilidad que tiene Héctor para conectar con ellos... es increíble cómo se relaja el ambiente cuando jugamos a cualquier cosa.

Estar atentos a las invitaciones de los hijos para jugar, es una gran oportunidad para conectar con ellos. A veces será un mini partido de fútbol o práctica de bateo, otras veces podrá ser algún juego sencillo de mesa como cartas, damas o memoria e incluso ver alguna película de estreno en la casa o en el cine.

Finalmente, otra cosa que favorece la conexión de todos es hacer actividades los fines de semana fuera de la casa al aire libre, en la naturaleza, así como organizar viajes en familia, pues salir del ambiente de rutina nos ayuda a estar más disponibles y relajados para compartir de modo más cercano.

Para mí los mejores viajes en familia han sido a lugares donde es más fácil desconectarse de todo. Una vez fuimos al Hato El Cedral, allí no existe ni siquiera conexión telefónica, es una finca en Apure en la que, desde el momento en que pasas el portón, empiezan a atravesarse cantidad de chigüires por el camino, tienes que andar con cuidado cerca de los canales, pues por ahí anda siempre una caimana esperando su comida, y si prestas atención seguramente encontrarás algún venado cerca de las cabañas.

Otra vez estuvimos en una casa alquilada de playa en La Sabana. Estos fueron días donde los ratos ser piscina, juegos de pádel, los baños de mar, paseos por la zona, o simplemente compartir una comida o conversación, dejaron en nosotros recuerdos muy especiales gracias al disfrute sin ningún tipo de presión, estando disponibles, tranquilos y juntos.

También las veces que hemos visitado el río Cinaruco han estampado para siempre en nuestras memorias muchas aventuras y experiencias alrededor de los ratos de camino, de pesca, baños de río, atardeceres, noches estrelladas y pare usted de contar.

Pero en el día a día también se pueden planificar actividades para romper un poco la rutina. Hay quienes en Caracas suelen ir a caminar los domingos en la Cota Mil, también quienes prefieren subir el Ávila hasta Sabas Nieves o hacer otras rutas para ir con niños como la de quebrada Quintero y la de quebrada Chacaíto. El Parque del Este es siempre una buena opción, así como también ir a patinar en los Próceres.

> Estos ratos de juegos y actividades son también situaciones que se pueden aprovechar para educar en muchos aspectos para la vida, y para conectar de modo más profundo a los miembros de la familia; a la vez que son una manera divertida y agradable de introducir valores como respeto, compañerismo, empatía, buen trato y tantos más.

10.
Educar en el amor a los hijos

Me siento querido cuando... me dices constantemente que me quieres, me dices que estás orgulloso de mí o me das algún halago. Me das el tiempo que necesito para poder hacer yo solo mis cosas. Me ayudas con algo que me cuesta hacer como explicarme algo que no haya entendido de la tarea. Si me caigo, sé que me estás mirando para estar seguro de que todo está bien. Me equivoco y me lo dices tranquilo... sé que siempre cuento contigo.

Me siento querido cuando... dejas lo que estabas haciendo para oír algo que deseaba decirte o preguntarte. Me escuchas y me preguntas sobre las cosas que me gustan. Confías en mí. Eres sincero conmigo. No te alteras si te digo algo incorrecto y me ayudas a descubrir la verdad.

Me siento querido cuando... me sorprendes con unas galletas o un dulce cuando llegas del trabajo. Encuentras un momento para jugar conmigo, contarme un cuento, hablar o ver una película. Me das besos, me das abrazos y te acuestas conmigo un ratico antes de dormir. Rezamos juntos y me ayudas a conocer a Dios.

Del modo como nos han tratado en la infancia, resulta en gran medida nuestra forma de dirigirnos a otros, incluso a nuestros hijos cuando hemos formado familia. Haber sido tratados con respeto, *haber sido y habernos sabido amados, es lo que constituye las bases de una afectividad sana y ordenada.* Si un niño no se siente querido por sus padres, buscará quien lo quiera en otra parte y no sabrá cómo ha de ser la forma en que otros han de quererle.

> Es por eso que para que nuestros hijos sepan amar, tienen que saberse amados, y nosotros, por lo tanto, tenemos que aprender a demostrárselos.

A menudo contamos una anécdota sobre una famosa lista que nos llegó cuando íbamos a ser padres por primera vez. La lista contenía una gran cantidad de cosas que supuestamente debíamos tener para la llegada de nuestro bebé. Lo que recuerdo era que muchísimos de los artículos no los habíamos comprado todavía y de hecho me abrumaba, porque todas esas cosas implicaban gastos importantes. Afortunadamente, unos amigos nos sugirieron que no nos dejáramos llevar por las imposiciones del ambiente, pues con la experiencia nos daríamos cuenta de que muchas de esas cosas era innecesarias, como por ejemplo: calienta *wipes* (vivimos en Venezuela), cantidad de teteros que al dar lactancia materna se quedaron sin uso por varios meses, chupones (ninguno de nuestros hijos lo usó) y pare usted de contar.

De esta experiencia siempre comentamos que un bebé lo único que realmente necesita para venir al mundo es a su papá y a su mamá. Lo decimos como una forma de resaltar que los hijos *no necesitan tanto de lo material como del cariño, amor y la protección de sus padres.*

Expertos explican que el cuidado de un niño durante los primeros tres años de vida es fundamental para su desarrollo. El modo como les cuidamos será determinante en el buen desarrollo del cerebro y de la afectividad. Siempre he pensado, en relación con este punto, lo perfecta que es la naturaleza... y es que, de alguna manera, es por esto que un bebé inspira tanta ternura, delicadeza en el habla y en el trato.

Por otro lado, el amor es algo que necesitamos recibir a lo largo de toda nuestra vida. No únicamente los primeros tres años. Es por ello que cuando nuestros hijos crecen, también debemos preguntarnos y evaluar si estamos siendo padres afectuosos.

Me gustaría seguir recalcando que un padre puede exigir sin tener que maltratar —lo que me parece importante en este punto, es saber que **exigir también es una manera de mostrar amor a los hijos**—. Y que es posible educar siendo amorosos, evitando confundir respeto con permisividad. Esta confusión es muy común en los tiempos de hoy; pues en determinados momentos nos cuesta ser firmes y nos abstenemos de corregir. Entonces, vamos dejando pasar muchas cosas para no tener que enfrentar la situación. Esto, sin embargo, es un grave error, porque *nadie es capaz de hacer "algo" que no se le haya enseñado previamente y por tanto haya aprendido.* Ciertamente nadie es perfecto, pero nuestro **deber** es mostrar el camino y dirigir a nuestros hijos hacia el bien todas las veces que sean necesarias, sin cansarnos.

Pero, por otro lado, debemos estar atentos a la *intención* que le ponemos cuando corregimos, la cual *debe ser genuina y debe estar inclinada a la búsqueda del bien objetivo de nuestro hijo o de lo que verdaderamente le conviene.* Nunca debe estar fundada en el *capricho* por educarlo de determinada manera, rechazando su modo de ser, que perfectamente puede ser distinto al que habíamos imaginado. Algunas veces intentamos cambiarlos o moldearlos, pero tenemos que comprender que no se ama a un hijo porque sea de determinada manera ¡a **un hijo se le ama porque sí y tal cual es!**

Todo esto resulta evidente, pero también es cierto que los padres queremos resultados ante nuestros esfuerzos sobre la educación de los hijos. Sin embargo, como en muchas otras cosas, se necesita de **tiempo.** Tenemos que aprender a esperar para apreciar la personalidad que cada hijo va forjando a lo largo de su crecimiento y madurez.

> Por eso hay que recordar que ser pacientes no es la cualidad de saber apretar los dientes[36] cuando algo no nos agrada. **La paciencia implica la espera alegre y comprensiva.** Esa paciencia, contribuirá sin duda alguna a que nuestros hijos también aprendan a querer a otros como son y les ayudará a establecer relaciones personales o amorosas adecuadamente.

En la espera, tengamos presente que siempre habrá oportunidades de mejora en cualquier ámbito y que las realidades que se viven no determinan el futuro. Perfectamente un hijo o una familia puede cambiar una situación indeseada si lucha; se puede mejorar un mal hábito y *se puede mejorar la forma como tratamos a los hijos o nos tratamos unos a otros en casa.*

Forjar una relación amorosa y cercana con nuestros hijos y cónyuge nos dará autoridad para luego poder hablarles sobre amor y aconsejarles en este tema. Es urgente que sepan que nosotros los vamos a querer siempre y sin importar las equivocaciones o circunstancias, pues confiamos en ellos y les perdonamos rápidamente cualquier cosa, a la vez que les alentamos y conducimos cariñosamente al bien nuevamente.

EDUCAR PARA EL ENCUENTRO CON EL AMOR REAL Y VERDADERO

Sabemos que estamos viviendo una era contraria al amor, en la cual la concepción que se tiene no está exactamente ligada a la búsqueda del

---

[36] Martinez, L. (2022). *El amor es paciente*. España: Makelovehappen. Recuperado de https://makelovehappen.blog/2022/01/09/el-amor-es-paciente/

bien de la persona querida. Más bien va enfocada en el propio placer o lo que nos parece que es bueno para nosotros. Los jóvenes se encuentran cada vez más desorientados en relación con el encuentro del amor verdadero, porque las relaciones cada vez se centran más en el yo y no caben ideas como compromiso, entrega, generosidad, fidelidad y demás *valores que son la base para la construcción de un amor sólido con el cual puedan ser felices.*

La excesiva información, la rapidez y la inmediatez del mundo actual, promueve impulsos y deseos. Pero *a amar no se aprende con un click.* El amor requiere tiempo, trabajo, paciencia... requiere —ya lo decía Aristóteles— "querer el bien del otro" es decir, **hacer todo lo que sea posible para ayudarle a conseguir, al ser amado, su máxima perfección.**

Considerando estas realidades, es lógico que nos angustiemos. Si cerramos los ojos, con facilidad nos podemos imaginar a nuestro hijo lidiando con temas de pornografía, sexo casual, rechazo al matrimonio o a la paternidad... Sin embargo, como ya lo he mencionado antes, *no nos debe dar miedo educar a nuestros hijos.* No existen generaciones fáciles o difíciles. El amor es lo que ha acompañado a todas las personas de la humanidad y todo esto ha de ser más bien una gran motivación para *educar a nuestros hijos en el amor.* Justamente porque sabemos que es quizás lo más importante de nuestras vidas y que nadie puede vivir sin amor: sin el amor de unos padres, sin el amor de amistad con otras personas o sin el amor romántico, exclusivo y duradero, de aquel o aquella de quien nos hemos enamorado...

La Madre Teresa de Calcuta decía que *la pobreza más terrible es la soledad y el sentimiento de no ser querido.* La soledad es quizás el peor mal, el más grave que puede experimentar una persona durante su vida. La soledad, no de pasar tiempo a solas, sino la soledad de no tener nadie quien le quiera ni a nadie a quien querer.

Es importante que los padres orientemos la educación de los hijos en relación con el amor hacia el *encuentro de un amor real y verdadero.*

Para lograrlo, hace falta que fomentemos con nuestros hijos una comunicación sobre varios temas, entre ellos: el valor de la entrega del cuerpo (que no se le da a cualquiera), la importancia de conocer al otro y a uno mismo, así como también la de vivir las etapas del amor, entre ellas la primera tan crucial: el noviazgo.

Por otro lado, hay que intentar vivir el valor del amor en la cotidianidad: **¡todo comienza en casa!** Saber querer a nuestra familia y a los de nuestro alrededor, nos ayudará a amar ordenadamente en lo romántico más adelante.

Querer el bien de nuestros papás o hermanos, tratarnos con respeto, ayudar al que nos necesite, ser justos, promover amistades verdaderas y generosas —no solo placenteras—, ser útiles en casa y lugares que frecuentamos, preocuparnos por el dolor ajeno buscando su alivio... son algunas de las cosas que nos van llevando por un camino de amor.

> La educación del amor no se trata de conversar sobre el placer o el sexo, tampoco de conversar de embarazos o enfermedades de transmisión sexual... sino de *forjar la capacidad que tenemos las personas para contribuir con la* **felicidad** *de otro.*

Sin embargo, aunque educar en el amor no es educar sobre la sexualidad, es cierto que estamos compuestos por **cuerpo** y alma.

En ese sentido, el amor romántico contemplará la posibilidad de una entrega total. Las personas expresan amor también con el cuerpo y es fundamental que poco a poco los padres perdamos el miedo de hablar con los hijos sobre la sexualidad. Hay una frase famosa que dice: "más vale llegar un año antes que un minuto después".

Si los padres no lo asumimos, nuestros hijos serán educados por otros y buscarán las respuestas a sus dudas en otro lugar. No hay nada mejor que lograr mostrarnos como las personas más confiables y seguras para hablar cualquiera de los temas que nuestros hijos necesiten desde que son pequeños.

EDUCACIÓN SEXUAL EN FAMILIA

Hace dos años, aproximadamente, me mandaron un mensaje del colegio avisando que darían el tema de la reproducción de seres humanos. Nos pidieron que conversáramos con nuestros hijos sobre ello.

De una vez, fui a recordar algunos aspectos sobre cómo debía abordar el tema[37].

---

[37] Canavox (2015). *Consejos para hablar de sexo con los niños.* Publicación independiente.

CONSEJOS SOBRE EDUCACIÓN SEXUAL EN LA FAMILIA:

- Si tu hijo te pregunta algo sobre este tema, no te sobresaltes. Intenta ser abierto y natural.

- Si te sientes "fuera de base", dile que te espere mientras terminas lo que estás haciendo y en cuanto te sientas preparado, búscale para hablar.

- Encuentra un momento y espacio adecuado. Quizás mientras realizan alguna actividad juntos que le quite formalidad al asunto.

- Empieza con preguntas como: ¿Qué era lo que me ibas a decir? ¿Qué sabes del tema? Esto te ayudará a saber cuánta información debes dar.

- No des más información de la que tu hijo está buscando, ni menos tampoco.

- Siempre contesta con la verdad. Evita fábulas como la de la cigüeña y explicaciones rebuscadas.

- Usa palabras sencillas y concretas.

- Con niños pequeños suele ser suficiente decir "los bebés vienen del amor que hay entre papá y mamá".

- Más adelante, da ejemplos de otros tipos de reproducción como los de las plantas.

- Con niños más grandes, puedes hacer énfasis en las diferencias entre una mujer y un hombre y en los cambios del cuerpo cuando crecen.

- Usa frases como: unión entre un hombre y una mujer.

- Si tu hijo quiere más información, usa los términos órganos reproductivos de la mujer y órganos reproductivos del hombre (ovarios, testículos, etc.).

- Es probable que tu hijo sepa más de lo que crees.

- Aprovecha el momento para educar en el amor y no sólo en lo biológico.

- Puedes profundizar sobre que los seres humanos somos diferentes a los animales: las personas se enamoran y el amor los lleva a querer formar una familia.

Finalmente, recordemos que la educación sexual no debe basarse únicamente en lo biológico. Ayudamos mucho cuando hablamos sobre cosas como la importancia de conocerse y que las citas son perfectas para eso (*back to the basics*).

En las conversaciones de padre-hijo, padre-hija, madre-hija, madre-hijo, podemos ir un poco más allá sobre las formas de cómo nos sentimos queridas las mujeres y explicar que somos diferentes a los varones. Yo contaría a mis niños que nos encanta que nos cortejen, que nos digan lo lindas que estamos, un chocolatico y unas flores son siempre bienvenidas y que el que sean caballerosos, serviciales y respetuosos para nosotras es importante. Los padres podrían conversar con sus hijas sobre muchas cosas y contarles sobre lo visuales que son los varones e impulsivos hacia lo sexual (razón por la cual si se les deja, avanzarán en ese plano... pero si se les exige, serán capaces de lo imposible, como dicen: "hasta de bajarle la luna a su enamorada")[38]. Finalmente, también les podrán contar que a los varones les gusta sentirse valorados y que por eso les encantan nuestros halagos o que reconozcamos las cosas buenas que hacen y, sobre todo, que digamos lo que nos atrae de ellos.

---

[38] Hay quienes promueven la idea de que la relación sexual debe probarse antes del matrimonio para "saber" si se es compatible sexualmente… pero lo que no dicen es cómo la sexualidad, que es una cuestión bastante natural, impedirá —por la fuerza y la potencia unitiva del sexo— conocer al otro en otros ámbitos de la persona, lo cual es quizás más importante al momento de elegir a una pareja para toda la vida… El matrimonio traerá consigo muchas dificultades, y el noviazgo por otro lado es una etapa "muy fácil" de llevar, pues los novios no experimentan "sufrimientos" tan importantes y es posible que la lucha por respetar el cuerpo sea la prueba más grande y real de compatibilidad que podrían afrontar durante ese tiempo (Rafael Lafuente).

11.

Hijos contracorrientes y fuertes ante las imposiciones del ambiente
(vicios, adicciones, LGBTI+, sexo casual)

No cabe duda de que ayudar a nuestros hijos a formar criterio e ir a contracorriente en estos tiempos es sencillamente retador, pues la cultura y las tendencias son permisivas y buscan relativizar cantidad de valores tradicionales como la vida, el amor y la familia. Bien sabemos que lograr conectar con los jóvenes cada vez se hace más cuesta arriba cuando su ambiente es completamente contrario a lo que nosotros los padres intentamos inculcar.

Que si el *tusi*, la *molly*, los *poppers*, el chocolatico y la gomita aderezada... las conversaciones con amigos, la influencia de las redes sociales, las series y películas que muestran una nueva manera de dirigirse y relacionarse con preguntas como: ¿qué sexo te atrae?

Todo esto obviamente abruma a los padres, por lo peligroso que puede llegar a ser tanto para la salud física como mental de los jóvenes que cada día pueden caer en el mundo de las drogas, o perderse en el mundo online, la pornografía, el abuso del alcohol, etc., con las sabidas consecuencias negativas en términos del desarrollo personal, toma de decisiones, relaciones interpersonales y demás. Además, los padres pueden angustiarse por la cantidad de ideas que penetran en los hijos con información confusa y cargada de mentiras relacionadas al amor.

Cada año se aprueban cantidad de leyes que no toman en cuenta al más indefenso y que se basan en los supuestos derechos de unos adultos. Por eso, este capítulo se lo quiero dedicar exclusivamente a esos padres que tienen la misma preocupación que yo respecto a los avances mundiales de la ideología de género y respecto a la cultura relativista (a la cual hacerle frente cada día se ha vuelto más difícil)[39].

---

[39] Hice esta introducción para que no quede duda de que mi intención no es, en este momento, convencer ni engañar a nadie, por eso no voy a camuflar estas ideas con otras del libro. Tengo la inquietud de compartir esta preocupación, pues si hablo de familia, tengo que hablar de todo lo que la rodea y la afecta en la actualidad. Por eso, si de alguna manera te afecta esta información, te recomiendo saltes de capítulo.

CULTURA DEL SEXO CASUAL Y LGBTI+

Los padres nos sentimos amenazados ante las imposiciones de quienes promueven un cambio en la forma en cómo se debe abordar la educación sexual de los niños en las instituciones educativas. Ya son varias ciudades y países en donde a los niños se les enseña que el género, por ejemplo, es algo que puede escogerse o que la familia puede fundarse entre personas de cualquier género y que experimenten cualquier tipo de atracción.

No hace mucho, me contó una amiga que una venezolana conocida de ella, maestra de un maternal dentro de los EEUU, al arrancar un nuevo curso, cuando tuvo que cambiar por primera vez el pañal de "una alumna", notó que era biológicamente varón. Su madre le puso un nombre de niña y lo vestía como tal. Pero si el género es un concepto sociológico y psicológico que se desarrolla en el tiempo, ¿por qué de manera **deliberada** se permite que un adulto decida por un bebé el género contrario a su sexo biológico sin permitirle que él mismo lo descubra y se identifique naturalmente con éste?

Esta es una de esas tantas historias que cada vez resulta más frecuentes escuchar y que, en lo particular, me impactan de manera profunda... también, por qué no decirlo, me generan impotencia y frustración al tener que presenciar cómo sigue avanzando la popular ideología de género mientras todos nos tenemos que quedar tranquilos y silenciados.

Por otra parte, la Dra. Miriam Grossman, autora de tres libros sobre educación sexual, ha atendido a miles de jóvenes desde el servicio de psicología para estudiantes de la UCLA (University of California, Los Angeles). Ella nos cuenta que por años ha recibido estudiantes en crisis lidiando con temas de salud sexual por haber tomado decisiones equivocadas basadas en la información que promueve la cultura de sexo actual.

Los jóvenes son bombardeados con cantidad de mensajes ficticios; entre ellos, que el sexo es seguro siempre que te "protejas". Pero ella advierte que las normas de "sexo seguro" fueron desarrolladas antes de que estos universitarios nacieran, y que hoy en día no son suficientes, pues estamos luchando contra un ejército de microbios que nos están ganando la batalla. Por otro lado, invita a todos a reconocer que el contacto con otra persona es un asunto muy serio, que puede dejar secuelas para toda la vida, no sólo en el ámbito de la salud física, sino en el ámbito emocional... "si los actores de Grey's Anatomy y Sex and the City fuesen reales, esos personajes ficticios tendrían verrugas o herpes y estarían tomando medicamentos antidepresivos como Prozac o Zoloft"[40].

Hay que decir la verdad a los hijos sobre que "tocar es significativo y crea sentimientos de confianza y amor. Estamos programados para estar unidos y la intimidad tiene consecuencias emocionales"[41]. Por eso debemos insistir en que las expresiones de afecto como un beso en la boca, o el sexo propiamente no se dan a cualquiera. El cuerpo conecta de manera única y tiene un *valor* en sí mismo muy grande, esa es la razón por la cual lo cuidamos, lo alimentamos, lo ejercitamos, lo cubrimos con la ropa adecuada según haga frío, calor, etc.

Tenemos que aprender a educar sin pensamientos como: ¿y si me pasa a mí o a mi hijo? Que las cosas existan o pasen, no las hace "buenas". Al igual que respetar puntos de vista de otros no implica que tengamos que adoptarlos, así como se respetan por ejemplo otras religiones a pesar de que no las hayamos escogido o simplemente no las vivamos.

> Hoy en día es urgente orientar nuestros esfuerzos a **fortalecer** el concepto de familia con nuestros hijos. La gente debe tomar conciencia de la realidad en el mundo en que vivimos. *Hace falta educar para que los jóvenes puedan tomar decisiones sanas sobre el amor y la familia*[42].

ESTRATEGIAS PARA EDUCAR HIJOS FUERTES

Partiendo de todo lo anterior, quisiera compartir algunas estrategias que nosotros hemos aplicado con nuestros hijos para intentar formarlos y fortalecerlos. Estrategias que se basan en llenar cada día el vaso de agua de sus vidas con cosas que consideramos que les aportan criterio y valores importantes que les permitirán defenderse del ambiente para no dejarse influenciar tanto:

---

[40] Grossman, M. (2011). *Sentido común y sexualidad. Guía para mujeres universitarias sobre el cuidado personal y emocional en un ambiente que promueve el sexo casual.* EEUU: Miriam Grossman, M.D.

[41] Grossman, M. (2015). *El Cachorro Blanco y Negro. Una historia sobre la biología del amor.* EEUU: El Centro para Integridad de la Medicina en la Educación de la Intimidad.

[42] Ibid.

1. **Límites y normas:** nuevamente cobra importancia este tema, pues cuando delimitamos el camino de los hijos, ellos se sentirán seguros y estarán claros sobre el camino por donde deberán transitar en aquellas situaciones que tendrán que resolver solos más adelante. Si desde pequeños no somos capaces de limitar, por ejemplo, los programas o los videos que ven nuestros hijos o establecer normas para el uso de dispositivos como límite de tiempo, su uso únicamente en espacios comunes y no dentro de las habitaciones a puerta cerrada, etc., seguramente más adelante no podremos guiarlos en otros temas como las juntas con amigos, aplicaciones y juegos virtuales que descarguen, series y contenidos que vean, personas con quienes interactúen, cosas que consuman, etc. Debemos tener muy presente que somos los responsables de los permisos y las normas que implementamos en casa y debemos ser muy claros sobre ellas (lo que sí está permitido hacer, ver, etc. y lo que no)[43].

Por ejemplo: "tienes permiso de ver una película en la TV, no tienes permiso de saltar a *YouTube*"; o "tienes permiso de ir a la fiesta de tu amigo, hasta las 12:00 de la noche; no tienes permiso de no contestar mis mensajes o llamadas, no tienes permiso de irte con otra persona que no seamos nosotros, ni preguntarnos si puedes dormir en casa de tu amigo".

Y suponiendo que alguna de estas normas no se cumpla debemos dejar clara la consecuencia de una vez: "si saltas a *YouTube*, mañana no tendrás tiempo de electrónicos"; o "si no cumples con alguna de estas reglas, no irás a la siguiente fiesta a la que te inviten".

Pero no olvidemos que entre más cerca estemos de ellos y logremos conectar, mejor acompañamiento[44] podremos hacerles en el mundo que les tocará enfrentar —favoreciendo un mayor apego a las enseñanzas que les hemos dado—.

---

[43] Sin Atajos. (18 de julio de 2022). Degwitz, M. y Mariño, A. *Cómo implementar la disciplina en casa* [podcast]. Spotify.

[44] Acompañamiento de las modas y tendencias a las cuales estarán expuestos (influencers, aplicaciones, contenidos que absorben —redes sociales, libros, series—, formas de divertirse, etc.). Sabiendo que no se trata de que tengan que vivir aislados del mundo, pero sí conscientes de que, como guías, los podemos ayudar a tomar mejores decisiones en cada una de las situaciones a las que se encuentren expuestos y no los lleven a puerto seguro.

2. **Fortalecer la voluntad:** desde pequeños, retrasando las gratificaciones, fomentando la paciencia y la capacidad de espera. Es importante no complacer **todas** las peticiones de nuestros hijos —como el caramelito cada vez que lo piden o con la compra de todas las cosas materiales que desean, pero no son del todo necesarias—, así como enseñarles a esperar en las diferentes situaciones de la cotidianidad (su turno para intervenir en una conversación, su turno en el juego, respeto de los horarios, etc.) Tenemos que aprender a decir con frecuencia la palabra ¡no, no y NO!

La voluntad prepara a los jóvenes, pues hace fuerte a la persona. La vida, sabemos, viene llena de dificultades y contrariedades. Lo padres debemos preparar a los hijos para una vida buena y no para la buena vida... y la vida buena no se alcanza de un momento a otro, la clave es enseñarles a ser pacientes —tener la capacidad de soportar el sufrimiento a largo plazo que todo lo bueno implica— (Ninoshka Freites de Christiansen).

3. **Cuidado del cuerpo:** instaurando hábitos de aseo personal desde pequeños, proporcionándoles una buena alimentación, atendiendo su salud, enseñándoles a vestirse adecuadamente y según la ocasión (casa, trabajo, colegio, iglesia, playa, ejercicio, etc.). Pues en la medida que aprendan a cuidar su cuerpo, descubrirán el valor que tiene y por lo tanto sabrán resguardarlo como se deba.

4. **Orden:** el orden prepara y fortalece a las personas. Cuando alcanzamos cierto orden en todos los ámbitos (material, intelectual, dinámico, emotivo y social[45]), las personas tenemos más herramientas para priorizar y para saber reaccionar ante las cosas que nos sucedan o se nos presenten. Así, entonces, un joven "ordenado", podrá dominarse rechazando las invitaciones a los vicios y las adicciones, también estará mejor preparado para aprender a interpretar la realidad y distinguir lo verdadero de lo falso o lo bueno de lo malo[46].

---

[45] Sesé. J (2014). *Formación de la personalidad (I): Una personalidad que se identifique con Cristo.* Opusdei.org. Recuperado de:
https://opusdei.org/es/article/una-personalidad-que-se-identifique-con-cristo/
[46] El orden se alcanza principalmente a través de la formación y adquisición de hábitos.

- **Orden material:** se refiere a la adecuada disposición, cuidado y uso de los objetos.

- **Orden intelectual:** tiene que ver con tener un adecuado concepto de nosotros mismos y saber responder a las preguntas ¿Quién soy? ¿Qué quiero? ¿Para qué existo?

- **Orden dinámico:** está relacionado a saber prever, adelantarse, evitar la improvisación sin perder la capacidad de ser flexible: cualidades importantes al momento llevar adelante nuestro trabajo, familias y cualquier cosa que tengamos entre manos[47].

- **Orden emotivo:** se alcanza cuando adquirimos seguridad y firmeza en las decisiones y compromisos, también con la capacidad de saber reaccionar proporcionalmente ante los sucesos de la vida con serenidad, optimismo, sin perder la alegría y el buen humor.

- **Orden social:** que no es otra cosa que el afecto sincero por los demás, el respeto a sus derechos y el deseo de descubrir y aliviar sus necesidades; la comprensión de la diversidad de opiniones, los valores o rasgos culturales; y la capacidad de escuchar y comprender a otros sin juzgar y sin prejuicios.

5. **Sencillez:** sabemos que los jóvenes tienen la necesidad de ser aceptados y de saberse queridos por sus pares. En muchos casos esta situación los lleva a hacer cosas que no responden a quienes verdaderamente son. Hay que fomentar en nuestros hijos la sencillez que es —ya lo hemos mencionado— la capacidad de mostrarnos hacia afuera como somos. Pero para abonar el terreno de la autenticidad, ayudamos a nuestros hijos cuando evitamos decir comentarios sobre cómo se ven, cómo se visten y cuánto agradan a otros, pues el valor de ellos como personas no radica en ello; en cambio les debemos demostrar que los queremos como son —y se lo debemos demostrar— invitándolos a ser ellos mismos en cualquier ambiente.

He mencionado repetidamente la importancia de hacer sentir queridos a nuestros hijos. En el capítulo del tiempo con los hijos expuse varias maneras de hacerles sentir queridos y también de fortalecer la conexión con ellos. Los jóvenes, más que cantidad de directrices,

---

47 Audio libros y más. (30 de julio de 2022). *Enrique Rojas Montes: Cuantos tipos de inteligencia existen en el ser humano* [Archivo de video]. Youtube. https://www.youtube.com/watch?v=BvhlFBJ2ZL8

necesitan compañía y necesitan estar seguros de que a pesar de "sus crisis" —típicas de la adolescencia— o sus errores, les amamos de manera incondicional.

Finalmente, pensemos en la importancia del **autoconocimiento** para que nuestros hijos alcancen ser auténticos y sencillos: que sepan cómo son, por qué reaccionan de determinada manera, cuáles son sus gustos, sus fortalezas y debilidades... pues el **carácter** es muy importante al momento de dominar los impulsos y las tendencias e importante para lograr ser **asertivos**[48], así como para poder ser fieles a su personalidad.

6. **Espacio para el desarrollo de destrezas y habilidades:** es conveniente que los hijos se encuentren razonablemente ocupados. No se trata de convertirlos en "niños ministros", pero sí que durante su semana tengan espacios bien dispuestos para el estudio, los deportes o el trabajo en alguna meta que se hayan establecido (el aprendizaje de un nuevo idioma o instrumento musical, tiempo para la lectura o hobbie, por ejemplo). Cuando una persona trabaja hacia una meta y alcanza algún logro, encuentra sentido al esfuerzo realizado y se mantiene motivado para seguir trazando nuevos objetivos que lo lleven por un camino de autorrealización.

7. **Protección de la intimidad:** cuando los niños son pequeños son como maquinitas que expresan sus alegrías, tristezas, asombros, rabias, gustos y disgustos con facilidad. Pero a medida que crecen, vamos notando la manera en que dejan de hacerlo y comienzan a establecer límites con el mundo que les rodea; es cuando comienzan a desarrollar la intimidad y vemos que entonces se convierten en niños menos comunicativos, que cierran las puertas de sus cuartos y exigen espacios de soledad.

La intimidad es natural, es parte del desarrollo y además es un aspecto muy importante de la persona. Nosotros como padres debemos respetar los espacios de intimidad que los hijos comienzan a exigir, pero *siempre atentos a cualquier comportamiento o señal de alerta* (cambios en los estados de ánimos con tendencias depresivas, exagerada soledad o rotundo rechazo a las actividades sociales).

---

[48] La asertividad es la herramienta o capacidad de expresar lo que queremos, pensamos y sentimos de manera sincera y directa, con respeto y sin agredir a otros.

Hay que respetar la intimidad de los hijos y comenzar a hablar sobre la diferencia entre lo íntimo, lo público y lo privado. Lo **íntimo** es todo aquello que pertenece únicamente a nosotros y nadie conoce, pero en el momento que lo compartimos con alguien por ejemplo esposo/a, amigo/a o familiares, comienza a pertenecer al ámbito **privado** —que son aquellas cosas que sólo conocen unos pocos—. Finalmente, todo lo que se hace o se expone delante de muchas personas, como por ejemplo, en el internet, las redes sociales, o en un espacio público como colegio, reunión social, parque, etc. pasa a formar parte del ámbito **público**[49].

Todo lo que se comparte en el ámbito público, ya no vuelve a ser parte de la intimidad de una persona. Por eso, debemos guiar a nuestros hijos ayudándoles a reflexionar sobre el tema para que aprendan a resguardar la intimidad, pues su exposición siempre traerá consigo consecuencias emocionales.

Por ejemplo, una vez que una persona publica su cuerpo en una red social con poca ropa o sin ropa, la imagen de su cuerpo inmediatamente deja de ser privada o íntima. Cantidad de historias hemos escuchado de jóvenes que hasta han tenido que comenzar una vida de cero en otro país o caen en depresiones complicadas, por una simple foto enviada a un novio/a o exnovio/a de manera privada que luego pasó a ser pública por haber sido compartida con amigos hasta hacerse viral —lamentablemente son acciones que no se pueden revertir... de ahí la famosa frase "lo que se monta en internet, queda en internet" —.

Otra de las cosas que se ha visto es el impacto que puede tener lo que publican otras personas de su intimidad o de su vida privada en la estabilidad emocional personal, pues allí empiezan las comparaciones sobre estilos de vida (relaciones "estables" de noviazgo o matrimonio y familiar, belleza, poder, viajes o hasta rechazo social cuando, por ejemplo, en redes nos enteramos que no fuimos invitados a una fiesta de amigos, etc.).

Como nuestros hijos están expuestos a estas situaciones, debemos conversar y reflexionar mucho con ellos. Ayudarlos a cuestionar lo

[49] Sin Atajos. (7 de febrero de 2023). Degwitz, M. y Mariño, A. *Hablemos de lo íntimo, lo privado y lo público.* [podcast]. Spotify. https://open.spotify.com/episode/1Ud3JRxC-SOhGwM2ivmZlz7?si=Smgx8hm3RpqpJF93lwgabA

que vean con preguntas como: ¿crees posible que esas personas sean tan felices como aparentan? ¿Crees que su vida es siempre así, o sólo vemos la parte agradable? ¿Alguna vez te pasó que olvidaste invitar a una persona a tu reunión y si ésta se sintió herida... qué hiciste luego? ¿Pediste disculpas o la invitaste en otro momento? ¿La belleza de esa foto será real? ¿Crees que ser bella/o físicamente o tener muchos amigos y un novio/a hace que esa persona sea muy feliz?

Finalmente invitarlos a que cuestionen las razones de cuando ellos publiquen alguna foto o video, así como la intención de fondo... ¿lo haces para encontrar aprobación de los demás? ¿Cuando tienes pocos *likes*, como te sientes? ¿Esos *likes* verdaderamente reflejan tu **valor** como persona?... y seguiremos razonando con ellos con preguntas como: ¿tú eres feliz? ¿Te pasan cosas buenas aunque no sean las mismas que ves en las redes de otras personas?

8. **Conversaciones con argumentos sobre la biología del amor:** hay que aprovechar todas las oportunidades de ir dialogando con los hijos sobre estos temas desde pequeños[50]. Recordemos que nosotros **siempre** seremos su mejor fuente de información y por eso debemos dar confianza haciéndoles saber que *no hay temas prohibidos, que no nos escandalizaremos y que podemos atender sus dudas o preguntas cada vez que lo necesiten* antes de que investiguen por internet o consulten con otras personas:

   - **Sexo, género e identidad:** Nadie nace con un género, todos nacemos con un sexo biológico. El género —conciencia y sentido de uno mismo como hombre o mujer— es un concepto sociológico y psicológico; no una realidad biológica. Nadie nace con una conciencia de sí mismo como hombre o mujer. Esta conciencia se desarrolla con el tiempo, y como todos los procesos de desarrollo, puede ser desviada por percepciones subjetivas, relaciones y experiencias adversas durante el proceso de desarrollo de la infancia. Personas que dicen sentirse como del sexo opuesto o en algún lugar entre— no incluyen un tercer sexo. Siguen siendo varones o mujeres biológicos[51].

---

[50] Los niños son como cemento húmedo... lo que cae en ellos hace una impresión (Haim Ginott). Y los padres debemos ser quienes hagamos esas primeras impresiones, que deben ser profundas (Miriam Grossman).

[51] CIVICA (2014). *La ideología de género perjudica a los niños.* Informe del colegio Americano de Pediatría. Recuperado de: http://civica.com.es/bioetica/la-ideologia-de-genero-perjudica-los-nincs-informe-del-colegio-americano-de-pediatria/

Algunas estadísticas:

- De acuerdo con el DSM-V (*Diagnostic and Statistical Manual of Mental Disorders*) el 98% de los casos de confusión de género en niños y el 88% de confusión de género en niñas finalmente acepta su sexo biológico después de pasar naturalmente a través de su pubertad[52].

- Los índices de suicidio son 20 veces mayores entre los adultos que usan hormonas de cruce sexual y se someten a cirugía de reasignación de sexo, incluso en Suecia, que se encuentra entre los países de mayor aceptación de LGBTQ[53].

- **Origen de la vida:** una persona únicamente **puede** nacer de la unión de un hombre con una mujer... *no existe una sola persona que se haya dado la vida a sí mismo, ni que provenga de la unión de dos hombres o de dos mujeres.*

Aunque existan avances tecnológicos que intenten cambiar la naturaleza de los genes o intenten descubrir nuevas formas de procrear, en el caso de que se logre, todo esto resultará posible sólo para aquellos que tengan el acceso a esas tecnologías y claramente dispongan de los recursos económicos que implicaría — acrecentando el círculo forzoso por la búsqueda de la "igualdad" y fomentando la idea de que los niños son un producto que puede ser manipulado y utilizado por las personas que buscan satisfacer el deseo de procrear y biológicamente no pueden—, todo esto sin considerar las conocidas dificultades que atraviesan las personas que se someten a los distintos procedimientos para concebir artificialmente a un hijo, los cuales no son siempre exitosos y en muchos casos dejan profundas secuelas psicológicas y emocionales.

- **Derechos de los niños a la familia natural:** todo niño tiene derecho de crecer con su padre y su madre o con una familia natural de padre y madre "si uno de los padres biológicos está ausente, por motivos de una tragedia o por alguna situación, crea un vacío. El niño tendrá preguntas legítimas y sentimientos sobre la pérdida"[54].

---

[52] CIVICA (2014). *La ideología de género perjudica a los niños.* Informe del colegio Americano de Pediatría. Recuperado de: http://civica.com.es/bioetica/la-ideologia-de-genero-perjudica-los-ninos-informe-del-colegio-americano-de-pediatria/

[53] Ibid,

[54] Grossman, M. (2015). *El Cachorro Blanco y Negro. Una historia sobre la biología del amor.* EEUU: El Centro para Integridad de la Medicina en la Educación de la Intimidad.

La Dra. Ana Samuel —investigadora del Witherspoon Institute— explica: "La ampliamente difundida afirmación de que las familias con padres del mismo sexo no son diferentes de las familias con padres heterosexuales no tiene base científica. Nuevos estudios muestran que los hijos criados por sus padres biológicos —en un matrimonio estable e intacto— tienen ventajas"[55].

Por otro lado, hay un movimiento llamado *Homovox* creado por personas con atracción al mismo sexo que validan y defienden que toda persona debe crecer con su padre y con su madre —ellos mismos dicen que no habrían deseado vivir en la estructura homoparental y valoran haber podido crecer junto sus padres biológicos—.

Considero engañoso el mensaje de la familia homoparental porque el niño que se cría bajo esa estructura siempre experimentará la ausencia de alguno de sus padres biológicos y comprenderá que no ha sido fruto de la unión amorosa de esas dos personas a quienes tanto aprecia. Por eso hay que hacer ver que no todas las personas están llamadas, por así decirlo, a hacer familia —si intentamos prender un carro con agua en lugar de con gasolina, el carro se dañará, no prenderá, no funcionará... personalmente creo que así ocurre cuando intentamos llamar *familia* a la estructura homoparental—. Y también hay que hacer ver que los niños no son un producto, ni deben existir sólo porque un adulto así lo desee.

Algunos resultados del nuevo estudio realizado por Regnerus demuestran que[56]:

Los niños criados en hogares homosexuales tienen un promedio más bajo en niveles de ingresos económicos cuando son adultos, y padecen más problemas de salud física y mental, así como mayor inestabilidad en sus relaciones de pareja. El estudio también revela que los menores criados en este tipo de ambiente mostraron mayores niveles de desempleo, tabaquismo, necesidad de asistencia pública y participación en crímenes[57].

---

[55] Samuel. A (2012). *Investigación de las nuevas estructuras familiares y la afirmación "no hay diferencia"*. Princeton: Winst.org. Recuperado de: http://www.familystructurestudies.com/es/summary

[56] Les invito a constatar estos datos directamente en la página web con los resultados del estudio (el más serio hasta ahora, pues ninguno de los estudios anteriores usó una muestra grande y al azar, representativa de los padres—homosexuales—y sus hijos, con una muestra grande y al azar, representativa de los padres casados y sus hijos).— Witherspoon Institute (2012) Nuevas estructuras familiares. Princeton: Winst.org. Recuperado de: http://www.familystructurestudies.com/es/outcomes/

[57] Aciprensa.(2012) *Personas criadas por gays tienen más problemas, revela estudio*. EWTN News, Inc. Recuperado de: https://www.aciprensa.com/noticias/personas-criadas-por-gays-tienen-mas-problemas-revela-estudio

Esta información, naturalmente, no deja de lado que debamos dialogar también sobre las ideas de **respeto**, ya que no conocemos la totalidad de la verdad ni las circunstancias que llevan a las personas a actuar de determinada manera.

Reforzar las ideas de respeto es importante... hay que insistir a los hijos que no se condena a una persona por su atracción: a todos hay que quererlos. Y es que *sentirse atraído* por el mismo sexo sabemos que en sí mismo no es un acto que "dañe a otras personas", como tampoco lo hacen las prácticas de sexo casual, la pornografía, faltas de caridad, etc. (cuestiones que no promovemos, porque de alguna manera sabemos que no nos llevan por un camino de autorrealización).

Finalmente, evaluemos que las atracciones muchas veces se asocian con sentimientos de soledad —por la inherente necesidad que tenemos todos de sabernos y sentirnos amados—.

Lo que busco resaltar con estas líneas es afirmar que ***no se juzga a las personas***, pues sin importar qué, a la persona hay que comprenderla, quererla, acogerla, respetarla, aliviarla[58], más bien pensemos en el compromiso que tenemos todos de **acompañar** a las personas que tenemos cerca y de manera esencial a aquellas que están o se sienten *solas* —la amistad es la mejor vía para amar y recibir amor de otros de manera genuina, real y generosa sin evidentemente tener que llevarla al plano sexual—.

- **Consecuencias y verdades de la sexualidad desordenada; revolución del anticonceptivo y economía del sexo:** ya al principio del capítulo manifestaba mi preocupación por la cultura que actualmente rodea a nuestros hijos donde todo está a la mano, a la distancia de un *click* y a bajo precio. La revolución de la anticoncepción es quizás el hecho que ha marcado más profundamente la forma en cómo se vive el amor en las nuevas generaciones... justamente por la "posibilidad" que ahora existe

---

[58] Por lo demás, en mi criterio, las personas con atracción al mismo sexo no están siendo exactamente **comprendidas** por los diferentes *lobbies* (los cuales en muchos casos han demostrado tener fines distintos a la defensa de sus derechos, pues hemos visto cómo afloran los intereses económicos y políticos alrededor del activismo). Si realmente se interesaran por su bien, el enfoque sería diferente… buscarían atender sus necesidades emocionales y psicológicas, las cuales han sido sepultadas con la cantidad de leyes que se vienen aprobando intentando igualar dos cosas que son diferentes.

de separar el amor del sexo —que es lo que ha traído las consecuencias que están haciendo tanto daño a los matrimonios, a los jóvenes, a las familias—. Y es que desde el momento en que el sexo es "seguro", su precio ha bajado, al igual que las expectativas[59]. Cuando el sexo no implica hijos, ni implica matrimonio, ni entrega total... amor... entonces *ya no se debe ser tan cuidadoso al momento de elegir con quien compartir el cuerpo*[60] ni importa la manera de conseguir el tan buscado placer —al punto de que muchos se conforman con poco... simplemente con pura pornografía y/o con prácticas de autocomplacencia—. Pero, esa idea del "sexo seguro" a pesar de la existencia de los métodos anticonceptivos no es del todo verdadera. La actividad sexual —cualquier contacto con otra persona— es un asunto muy serio. Los programas de salud sexual se enfocan en las técnicas de "prevención" de enfermedades de transmisión sexual y embarazos, pero ¿quién les enseña a los jóvenes a prevenir las consecuencias **afectivas** que acompañan las malas experiencias que rodean los encuentros sexuales casuales? Por eso, es urgente comunicar a los adolescentes todo lo que no saben hasta el momento en que se sumergen en el *hoockup culture* (la cultura del sexo casual) con la buena noticia de que hoy en día sabemos que los hijos se sienten muy influidos por los valores y las expectativas de sus padres[61].

---

[59] Vale la pena invertir energías en profundizar este punto: naturalmente las mujeres a lo largo de la historia hemos sido defensoras de la intimidad (pues, y ya lo comentaba en el capítulo de madres súper poderosas, la maternidad es lo que nos afecta de manera profunda al cambiar nuestras vidas de manera radical) de ahí que desde siempre las mujeres hemos sido las que decidimos sobre el sexo. Si una mujer quiere "hacer el amor" lo hace, por el contrario, no es suficiente para el hombre así desearlo. Pero en la medida que la anticoncepción ha eliminado esa posibilidad de embarazo, la mujer ha venido bajando el precio del sexo. Lo viene dando a bajo costo a un hombre que en realidad estaría dispuesto a pagar cualquier precio: el precio del compromiso, de la entrega, de la generosidad de la fidelidad, de la bondad (buscando ser mejor persona para ella). Finalmente, si deseas seguir ahondando en el tema, te dejo este video de economía del sexo: https://www.youtube.com/watch?v=cO1ifNaNABY

[60] Debemos ayudar invitando a los jóvenes a preguntarse si esa persona con la que se acuestan sería la misma persona con la que se acostarían sin el uso de ningún tipo de anticonceptivo y en época fértil (Rafael Lafuente). Con esto, ayudamos a entender que el cuerpo no se da a cualquiera y, si se da a alguien, se debería poder dar **completo**.

[61] Grossman, M. (2011). *Sentido común y sexualidad. Guía para mujeres universitarias sobre el cuidado personal y emocional en un ambiente que promueve el sexo casual.* EEUU: Miriam Grossman, M.D.

Algunas de las verdades que expone Mirian Grossman en la guía *"Sentido común y sexualidad"* son:

- ***La intimidad física promueve la pertenencia y la confianza:*** las caricias íntimas secretan químicos en el cerebro que estimulan el apego. Los abrazos, besos y la interacción sexual hacen que el cerebro emita oxitocina, una hormona que te dice: estoy con una persona especial. La señal de precaución se apaga y la del amor se prende. Cuando los niveles de oxitocina se elevan, eres más capaz de pasar por alto los defectos de tu pareja, y tomas riesgos que de otra manera no correrías sin antes preguntarte qué piensas de esa persona o qué tan lejos quieres hacer llegar la relación.

- ***La ciencia lo confirma, el alcohol lo hace parecer encantador... cuando no lo es***: la ciencia ha confirmado la existencia de los "lentes cerveceros" —una persona te parece más atractiva después de haberte tomado unas copas—. Esta es una de las razones por las que las relaciones casuales a menudo son precedidas por el consumo de alcohol. A la mañana siguiente las dos personas lucen diferentes.

- ***Una relación sexual sin compromiso termina en remordimiento:*** un estudio reciente realizado en la Universidad de Princeton reveló que después de las relaciones sexuales ocasionales el 91% de las mujeres admiten haber sentido remordimiento y el 80% habría preferido no haber tenido una relación íntima. Otros estudios han revelado que el 84% de las chicas dijeron que aun cuando no querían involucrarse emocionalmente con la persona con la que tuvieron varias veces relaciones sexuales, comenzaron a sentirse vulnerables y deseaban saber si la otra persona se preocupaba por ellas.

- ***Un cérvix joven es más vulnerable a infectarse:*** el cuello del útero de las adolescentes tiene un área vulnerable del tamaño de una célula llamada la zona de transformación en donde es fácil contraer enfermedades como la clamidia, el VIH y tipos de VPH que la vacuna no protege. Por eso la mayoría de las adolescentes son infectadas por uno de sus primeros compañeros sexuales. Durante la edad adulta esa zona es reemplazada por una superficie más gruesa y resistente. Por eso es engañosa la información donde se dice que las adolescentes están igualmente preparadas que la mujer madura para tener relaciones sexuales, sin contar con las consecuencias emocionales y las reacciones naturales por la confusión con preguntas cómo: ¿quién me contagio y cuándo? ¿A quién debo decirle? ¿Ahora quién me va a querer?

> • *La fertilidad es una ventana que se cerrará:* el 75% de los estudiantes durante el 1er año de la universidad dicen que formar una familia es "una meta esencial o muy importante". Pero el 55% de las mujeres exitosas más jóvenes no tienen hijos hasta los 35 años. Y el 89% de ellas piensan que podrían embarazarse a los 40. Pero es más fácil concebir un hijo entre los 20-30 años, pues la fertilidad decae un poco después de los 30 y dramáticamente a los 35. Podrías imaginar que las salas de esperas de las clínicas de fertilidad están saturadas con mujeres obesas y fumadoras, aunque en realidad están llenas de mujeres conscientes de su salud que hacen ejercicio y se alimentan bien, sin embargo, están allí porque tienen 40 años.

9. **Fomento de amistades verdaderas, no solo útiles y placenteras:** las personas somos seres sociales por naturaleza, por eso se dice que la amistad es una necesidad. En ese sentido, tener amigos es uno de los tesoros más grandes que podríamos poseer como personas. Pero la amistad hay que cuidarla y fomentarla, pues como es una forma de amor, necesita de entrega, de tiempo y de conocimiento. Aristóteles definió la amistad por bondad como la capacidad de *querer al otro en cuanto otro*[62] y para llegar a ella hay que considerar los tres tipos de amistad que existen:

   • **Por utilidad:** es la más básica; existe en tanto las personas reciben del otro algún bien y están motivados por lo que es bueno para sí mismo. Se rompen cuando el beneficio desaparece.

   • **Por placer:** el siguiente grado de amistad es la que se basa en el placer que se experimenta junto a la otra persona. No se le valora por su ser, sino por lo que se comparte y se disfruta con la persona; por ejemplo, el juego de dominó, un viaje de pesca o la tarde de cartas. Los espacios de tiempo para compartir son importantes y cuando estos no se dan, la amistad tiende a desaparecer.

   • **Por bondad:** por último, este tipo de amistad es la que llamamos "amistad verdadera". Se da entre las personas que quieren al otro en cuanto otro —es decir tal cual es—. Y se basa en la bondad de las personas (las cualidades de la bondad hacen a las personas "queribles" por así decirlo —es más fácil llegar a una amistad por bondad con una persona sincera que con una persona mentirosa;

---

[62] Aristóteles. *Ética a Nicómaco.* Siglo IV a. C. Libro VIII, Sobre la amistad.

con una persona servicial que con una persona egoísta; etc.—). Es la amistad más completa porque las personas bondadosas son también útiles y placenteras.

Considerando lo anterior, me gustaría comentar sobre la importancia de enseñar a nuestros hijos a forjar *amistades verdaderas* con quienes les rodean. Así es que, desde pequeños, les alentamos a estar pendientes de sus compañeros cuando los necesiten —por ejemplo, si han faltado al colegio, ayudándoles a ponerse al día con las tareas que haya enviado la maestra—; también recordándoles que cuando inviten a casa a algún amigo, jueguen las cosas que los dos disfrutan o preparen esa merienda que saben que les encanta; finalmente, que busquen comprender y querer a sus amigos como *son*, y no por lo que les proporcionen, ni por cómo les hagan sentir.

Un amigo se interesa por el bien. La gran maravilla de todo esto es que, forjando amistades verdaderas, los jóvenes se sienten seguros y felices. También estarán menos presionados por cambiar o mostrarse diferentes a quienes son para intentar encajar.

10. Dar el ejemplo: queremos que nuestros hijos sean auténticos, sencillos y fuertes... pero no los ayudamos cuando con el ejemplo ven que nosotros tampoco logramos serlo. Debemos empezar nosotros mismos luchando por todo lo anterior, para que nos vean como su modelo a seguir. No podemos complacer todos y cada uno de nuestros gustos, ni vivir haciendo comentarios sobre lo inconformes que estamos con nuestra imagen o sobre cómo se ven los demás... como tampoco seguir cada una de las modas, incluso al punto de comprometer la tranquilidad de la familia si no las alcanzamos (el reloj, el teléfono, la ropa, el club, las fiestas, los viajes... que todos usan y hacen).

No dejarnos influenciar como padres es saber decir ¡no! todas las veces que sean necesarias cuando el **bien** de nuestra familia o hijos se vean comprometidos.

No debemos dar los mismos permisos que las demás familias, ni implantar los mismos límites que otros han establecido como normas en sus hogares. No debemos imitar nada que no sea parte de nuestro proyecto. En cambio, deberíamos seguir el rumbo que nos hemos planteado y que coincida con la **identidad de nuestra familia.**

Y no podemos olvidar ser agradecidos mostrando que nos gusta lo que hacemos y que nos gusta nuestra familia, porque hay que dar el ejemplo también evitando la queja, sobre todo aquello que nos pesa: "la casa es un trabajo fuerte, los niñitos no hacen caso, mi compañero/a no me ayuda o no me complace...", pues con esas quejas contribuimos a la idea que pueden percibir nuestros hijos sobre que no vale la pena luchar por cosas que requieren de gran esfuerzo y que en muchos casos no están de moda o son contracorrientes como negarnos a nosotros mismos en determinados momentos para libremente hacer felices a las personas que más amamos y más nos aman (nuestra familia).

Finalmente, pensemos que ser auténticos también es evitar esconder nuestras intenciones y evitar criticar o hablar mal de otras personas e incluso etiquetar o juzgar otras familias... ser auténticos es dar el ejemplo de acompañar a quienes nos necesitan y de comprender a otras personas —empezando por los que tenemos más cerca, nuestro esposo/a e hijos—. Por último, es no dejarnos dominar por las cosas que no deseamos —pero nos ocurren— **escogiendo** la mejor manera de asumirlas y abordarlas.

Y recordemos, como lo he venido repitiendo en estas páginas, que debemos estar disponibles para nuestros hijos todas las veces que nos busquen para conversar, dialogar, jugar, preguntar... pues son oportunidades que no podemos desperdiciar para fortalecer la unión y la conexión con ellos —que son las bases de la confianza para que puedan ver en nosotros su verdadero modelo a seguir—.

12.

Cuidar el tiempo personal

Este ha sido uno de los capítulos que más he tardado en escribir, porque, aunque parece obvio que los padres debemos tener y necesitamos un tiempo personal... ¡cómo cuesta practicarlo!

"Si mamá está bien, los hijos estarán bien". Y esta frase también se puede aplicar al padre y a la pareja: si los esposos están bien, los hijos lo estarán.

Desde que fuimos padres por primera vez, Héctor y yo hemos intentado tener una actitud de "no cambiar quienes somos por el hecho de ser padres". Esa es la razón por la cual desde el principio hemos procurado hacer todo lo que a veces podría parecer incompatible con la vida de padres. No es que todo continúe como en tiempos de soltería o los primeros meses del matrimonio, sino que los dos tenemos muy presente que somos personas individuales y esposos al mismo tiempo. Por eso, entre las cosas que cuidamos están nuestros trabajos de momento, las actividades personales, los amigos, las salidas en pareja y hasta algunos viajes en pareja sin hijos.

EL TIEMPO DE MAMÁ

Quiero enfocarme especialmente en el cuidado del tiempo de la madre. No porque este sea más importante, sino porque quizás a nosotras nos cuesta un poco más alcanzarlo. Cuando una mujer se convierte en madre, principalmente durante los primeros meses, sucede que el bebé necesita de ella hasta de modo fisiológico, por el hecho de ser ella quien le alimenta. Nada más por esto, el hijo depende principalmente de su mamá sin que ella pueda decidirlo o escogerlo.

Esta dependencia, ya lo hemos mencionado, disminuye con el tiempo. A los meses, el padre empezará a involucrarse con los hijos de tal modo que hasta podría ser quien tome mayor importancia, como lo hace, por ejemplo, cuando el niño transita la etapa del desapego de la madre, tan necesaria para poder relacionarse con el mundo exterior y lograr independizarse poco a poco.

Lo cierto es que, cuando tenemos hijos pequeños, nos cuesta encontrar un momento para nosotras. Yo por mucho tiempo caí en el error de decirme que era imposible.

A veces incluso me daba cuenta de que un día no había almorzado o no podía bañarme con tranquilidad (quiero recalcar que es completamente normal si esto sucede). Pero también es cierto que los pensamientos nos pueden jugar en contra, haciéndonos creer y sentir de determinada forma cuando no somos capaces de visualizar que las cosas no son permanentes ni lineales.

> Estar en un momento dado de una manera concreta no significa que será siempre así, o que no podamos hacer algo para cambiarlo o superarlo.

Una vez, mi mamá me dijo una frase muy sabia y alentadora que se me quedó grabada: "Eso pasará". Recuerdo que la dijo en un momento en el que me veía fuertemente agobiada. Es una frase aplicable a cualquier situación demandante o difícil que estemos experimentando con los hijos, que son muchas. Recuerdo, por tanto, cuando me decía: "eso también pasará". Y es que es muy normal sentirnos como en un túnel interminable de contrariedades y dificultades cuando la maternidad nos sobrepasa humanamente, tanto física como emocionalmente, llevándonos a ese estado que calificamos como *burnout* –fundidas/desgastadas–, lo cual es agotador.

Pero no es suficiente con entender o saber que necesitamos cuidar nuestro tiempo; tenemos que **querer** cuidarlo. Si afrontamos la paternidad con actitud pasiva, será muy difícil mantenernos en equilibrio. Caeremos entonces en una especie de victimismo y los pensamientos que nos rondan serán siempre negativos.

La voluntad es la única que puede movernos a organizarnos para incluir ciertas actividades personales como una prioridad.

Finalmente, es importante que pongamos a volar la imaginación fomentando **la creatividad y sencillez**. Evitemos rebuscarnos con actividades elaboradas para "poder tener tiempo personal". Por ejemplo: podríamos enfrascarnos en que necesitamos hacer ejercicio, pero con el entrenador tal, en el grupo "X" que queríamos, en el horario y la frecuencia necesaria para poder participar en la competencia "Z" y así tener resultados exitosos. Esto nos alejaría, en realidad, de comenzar a hacer ejercicio.

Intentemos descubrir, en la rutina o cotidianidad, las oportunidades que tenemos para gozar del tiempo personal.

A veces tiempo de mamá puede ser: el momento del desayuno, la hora de ejercicio, la diligencia fuera de casa, el rato en que estamos a solas, la hora de actividades extracurriculares de los hijos, un tiempo de lectura en las salas de esperas cuando toca, el silencio cuando despiertas temprano mientras todos duermen, una siesta, algún cuidado especial que tengamos con nosotras como reposición de ropa, tratamiento de belleza o de salud, la actividad deportiva o recreativa que practicamos, etc.

Mi mamá y mi abuela Claire son madrugadoras, es una cuestión de mi familia materna, cosa que yo lamentablemente no heredé. Recuerdo que mi mamá siempre se despertó, sin importar la rutina que tocara, antes de las 5:00 a.m. Algo que me impactaba más cuando estábamos de vacaciones o los días del fin de semana... ¿cuál era la necesidad de estar tanto tiempo despierta por la mañana? Yo realmente no sé si algún día lo experimente igual, pero ahora entiendo que en ese momento era cuando ella gozaba de modo especial su tiempo personal. Durante esas horas, veía los programas de televisión que quería, oía las noticias, disfrutaba de un café a solas y en silencio, ponía al día sus correos o cosas personales, adelantaba el trabajo del día, etc. Siempre me parecía muy inteligente, pues así lograba estar disponible el resto del día sin la presión del cuidado de su tiempo y todos las podíamos notar tranquila y ligera.

Esto es muy importante, porque cuando cuidamos nuestro tiempo, estamos haciendo un aporte en la familia. Es, en realidad, un *acto de generosidad* con los demás miembros. Ya que cuando no podemos estar un rato a solas o no podemos hacer nuestras actividades personales, nos empezamos a cargar y a agobiar con todas las responsabilidades y el *corre corre* de cada día.

De alguna manera, al cuidar nuestro tiempo, quedamos disponibles para atender, comprender, ayudar y compartir con nuestros familiares o con las personas que nos rodean. De lo contrario, nos vamos haciendo cada vez menos sensibles y se nos hace más difícil poder conectar o empatizar con los demás.

Una de las cosas más difíciles que he vivido como mamá, fue el *homeschooling* durante la pandemia. Cuando miro hacia atrás, casi siempre me asalta el sentimiento de culpa con sólo pensar lo mal que gestionamos el tema. Cinco niños estudiando desde casa de manera virtual sin ningún tipo de ayuda externa... fueron momentos de mucho estrés, frustración, presión y descontrol, por qué no admitirlo, con gritos y frases tipo: "¡deja de ver esos videos durante la clase! ¡Así no se hace! ¡Presta atención!, etc., etc., etc.".

Tampoco puedo decir que todo fue malo, con el tiempo fui *aceptando* que esta era una más de esas situaciones que no controlaba, que me tocaba enfrentar y con la cual maduré y aprendí mucho. Sin duda, fue una época donde mi tiempo personal simplemente no existía y por eso me costaba tanto encontrarme serena.

Así fue como comencé a buscar opciones para revertir lo que estaba sucediendo y poder lograr un mejor ambiente en casa; pues mi estado de ansiedad simplemente me sobrepasaba... entre ellas, comencé a escribir algunos capítulos de este libro, invité a mis papás a reunirse con nosotros un tiempo en Apure (cinco semanas aproximadamente), también utilicé el rosario y la lectura como vía de crecimiento interior y finalmente comencé una terapia cognitiva online para tratar mi ansiedad y poder salir de ese espiral en el que me encontraba. Empecé a concientizar, entre otras cosas, que no valía la pena desgastar mi relación con los niñitos ni con Héctor (a quien le salpicaba) por esta realidad que se escapaba de mis manos; empecé a ser más flexible a validar los esfuerzos de los niños sin importar los resultados... para finalmente soltar el tema del colegio, el cual pasó a ser un tema importante para mí como mamá, pero no tan importante como persona individual.

13.

Tradiciones, costumbres y contexto histórico ambiental

¡La arepa es venezolana! Que no quede duda. Y ahora que hay muchísimos venezolanos viviendo por todo el mundo —entre ellos, dos de mis tres hermanos a quienes extrañamos mucho— quizás una de las cosas buenas que hemos sacado de la migración ha sido la propagación de nuestra cultura que antes no se conocía tanto internacionalmente... y es que nuestro país siempre había sido más bien el que recibía gente de afuera.

Quizás por eso es que los venezolanos somos así, tan amigueros, y en nuestras casas siempre cabe mucha gente. Pero es que ¿cómo no escoger a Venezuela...? En mi criterio, es el mejor país del mundo: las playas, el Ávila, el aroma a café, nuestro chocolate, el ron, nuestros paisajes y nuestro clima... ni hablar de nuestros recursos, de nuestra gente y de la resiliencia, esa que sin duda nos caracteriza habiendo tenido que superar cuanta cosa difícil se nos ha venido presentado.

Realmente no sé qué tan familiarizado estés con la realidad venezolana de los últimos casi 25 años; actualmente hay más de 7 millones de venezolanos repartidos por todas partes del mundo. En las familias venezolanas faltan los hijos, los hermanos o los padres... es una herida que muchos llevamos por dentro, porque el sentimiento de soledad —ya lo hemos mencionado— es uno de los peores males que la persona puede experimentar.

Los que se han ido, han tenido que empezar su vida desde cero y, entre otras cosas, encontrar la manera de construir nuevas relaciones interpersonales. Pero los que nos hemos quedado, hemos ido viendo cómo nuestro círculo de amigos y familiares se ha venido reduciendo a una velocidad difícil de asimilar. Es por eso que también hemos tenido que empezar a forjar nuevas amistades, mientras rezamos por no ver ni una sola foto más de ningún otro ser querido con los pies sobre los mosaicos de Cruz Diez en el aeropuerto internacional Simón Bolívar de Maiquetía.

Cantidad de abuelitos se han quedado sin nadie que vaya por ellos a comprarles alguna medicina o reponerles el mercado y a la hora de una emergencia, con suerte, sólo cuentan con algún bondadoso vecino. Cantidad de jóvenes han sido empujados por sus padres o por presiones externas a estudiar fuera de su país, sin siquiera estar seguros de que eso era lo que ellos mismos deseaban hacer. Cantidad de matrimonios han tenido que separarse temporalmente en busca de oportunidades. Cantidad de niños han sido abandonados, mientras que sus padres se lanzan a cruzar ríos, selvas y fronteras peligrosas para intentar establecerse en otro país y poder así enviarles algunas remesas para su sustento.

No hace mucho escuché una frase que decía que nadie se va de su casa si le están tratando bien: la fuerte emigración ha estado relacionada a la *profunda crisis humanitaria del país.*

Desde mis años de bachillerato he tenido que convivir con la lamentable realidad venezolana. Hoy en día tengo dibujos guardados de mis hijos con guardias nacionales armados pintados y frases escritas por ellos pidiendo: ¡no más marchas ni bombas lacrimógenas!

Hemos vivido muchas adversidades. Entre ellas, la devaluación de la moneda, la cual simplemente destruyó el poder adquisitivo de los trabajadores y el flujo de caja de las empresas; la inseguridad generalizada y la época de los secuestros; los apagones eléctricos; la falta de agua; los controles de precios que nos llevaron al desabastecimiento; las sanciones internacionales; escasez de gasolina y, para rematar, además de tantas otras cosas que no mencioné, una pandemia.

Recuerdo lo difícil que era conseguir los pañales y la fórmula cuando los niñitos eran bebés, también las medicinas y productos básicos de aseo personal o de la canasta alimentaria... no sé cuántas horas invertí en colas larguísimas para poder conseguir algunas de estas cosas cuando nos enterábamos de que los productos habían llegado a los establecimientos.

De esta manera fue como todos los venezolanos *una vez más desarrollamos el sentido de la solidaridad* compartiendo aquello que quizás amigos, familiares o conocidos estarían necesitando más que nosotros mismos. Contando con la seguridad de que llegado el momento de necesitar cualquier cosa que no tuviésemos, de una u otra forma la conseguiríamos gracias al desprendimiento o la ayuda de otros.

En Venezuela las energías se invierten en solucionar la contrariedad del momento y trabajar por combatir la pobreza, las injusticias y las desigualdades.

No me quería extender con estas descripciones porque no son cosas a las que quiero entregarle mi atención, ni cosas que me gusta traer del pasado, pues, aunque no nos hemos recuperado de la crisis, ciertamente, como buenos soñadores y optimistas que somos, Héctor y yo nos centramos en ver las cosas buenas e intentamos mantener esa atención en lo que haya que hacer en el presente siempre con esperanza y con la mirada puesta en el futuro. Así como también nos enfocamos en aportar nuestro grano de arena desde el esfuerzo que hacemos cada día con nuestros trabajos, familia y liderazgos.

A veces incluso sé que puede chocarles a muchos esa energía que transmitimos por defender nuestro país a toda costa y evitar hablar mal de Venezuela —así como no se habla mal de una mamá aunque no sea perfecta y esté llena de defectos, porque la mamá de uno es sencillamente intocable... Venezuela sería nuestra madre tierra, y aunque está llena de contrariedades, la queremos y de la manera que podamos la ayudamos—. A estas personas les pedimos disculpas en ocasiones, sin embargo, así somos, y poco a poco hemos contagiado a varios que se encontraban paralizados por la queja; otros, simplemente han aprendido a "soportar" nuestros comentarios surrealistas pero cargados de esperanza y de espíritu luchador.

Se dice que la felicidad no depende de las cosas que nos ocurren, más bien tiene que ver con *aprender a interpretar la realidad*[63], y por eso, aprovechar y disfrutar lo que nos brinda nuestra venezolanidad ha sido quizás el motor y la mejor motivación para mantenernos **felices** a pesar de las conocidas dificultades dentro de nuestro país.

La parrillita dominguera con la guasacaca, el quesito de mano y el casabe: sin duda la excusa perfecta para sacar el dominó, subirle a la música y formar una parranda.

Ir a ver en el estadio universitario un buen Caracas-Magallanes; hacerle una visita a la Virgen del Valle en Margarita, sin olvidar comer a orillas de la playa una buena empanada rellena de cazón, de plátano y queso o hasta de pabellón criollo. También programar la visita a la Divina Pastora cada enero para participar en la 3ra procesión más grande del mundo (seguida de la de Fátima y Guadalupe) y, por supuesto, que no falta en nuestras casas la velita para José Gregorio Hernández.

---

[63] Rojas, M. (2018). *Cómo hacer que te pasen cosas buenas.* (15ta ed.) (p.115) Barcelona: Planeta

Cuando llega diciembre, la hallaca, el pernil y el pan de jamón son los que acompañan cada comida, junto al ponche crema y el canto de los aguinaldos al Niño Jesús... sin olvidar el toque de gaitas que nunca falta, las patinatas, el chocolate caliente y los churros.

Ciertamente, somos celebradores por naturaleza: ¡nos encanta la fiesta! Somos caribeños y eso nos imprime un temperamento sociable, fresco y flexible... sabemos convertir en un chiste cualquier mal sentimiento rápidamente. Pero no vayan a creer que somos pura fiesta: ¡aquí también se trabaja con ganas! El venezolano siempre "echa pa'lante", es dispuesto, avispado y generalmente va cargado de buena actitud... cuando encuentra una oportunidad, *le da, le da y le da* hasta conseguir aquello que busca.

Últimamente no esperamos a que nos resuelvan los problemas, picamos adelante y es entonces como creativamente y con esfuerzo hemos ido poco a poco transformando desde lo pequeño ciertas realidades venezolanas para mejor: habilitando pozos de agua potable, iluminando las calles que parecían una boca de lobos, encontrando alternativas de pago para sobrellevar la hiperinflación, entre otros.

Me puedo quedar escribiendo mucho más sobre nuestras tradiciones y nuestra idiosincrasia. Sin embargo, ya es momento de aterrizar estas líneas para que se entienda a dónde voy con todo esto:

> *Las tradiciones son acontecimientos esenciales en la vida de las personas según sus países, comunidades e incluso familias.*

Una fecha importante normalmente viene acompañada de alguna celebración especial. Todas las familias tenemos diferentes costumbres y tradiciones que por lo general están ligadas a la religión que profesamos, la cultura nacional, los gustos o las vivencias y las circunstancias individuales.

Las tradiciones, por tanto, ayudan a crear la **identidad** de la familia y ayudan a fortalecer la convivencia, los valores personales y nacionales, así como a transmitir herencias en la búsqueda de mantener un legado, porque aportan a los miembros de una familia conocimientos sobre su historia familiar y cultural; al mismo tiempo que fortalecen la unión entre los miembros del hogar y generan un sentido de pertenencia e identidad gracias a tantas experiencias positivas y recuerdos que se van generando en torno a ellas.

Esos recuerdos y experiencias importan para la formación de una identidad, porque de alguna manera **van guiando el modo de vivir o de resolver las distintas situaciones en el tiempo.**

Ahora, me gustaría compartir con ustedes algunas de las costumbres y tradiciones que han ido formando parte de la identidad de nuestra familia de manera singular:

LA NAVIDAD

Durante las navidades, organizamos con un poco de tiempo las fechas que vamos a compartir con los distintos familiares y amigos. Los domingos de adviento cantamos aguinaldos al niño Jesús y al menos uno de ellos intentamos que la reunión sea en nuestra casa.

Unos días antes de la Navidad, normalmente hacemos un intercambio de regalos para los sobrinos y jugamos al amigo secreto entre los adultos. El propio 24 de diciembre vamos a la misa de Navidad para luego compartir en familia durante la cena.

En nuestra casa, es el niño Jesús quien trae los regalos el día 25 y suelen ser de cuatro a cinco cosas, que por lo general incluyen algo de ropa, algo que se necesite y algo que se desee mucho.

Durante el tiempo de navidades acudimos a distintas reuniones con amigos, rodeados de patines, churros y chocolate caliente; a veces aparece Santa Claus con algún detalle que puede ser desde dulce o chuchería hasta la excusa perfecta para que los niños reciban un libro o cuento de regalo.

Otras de las tradiciones en el tiempo decembrino que nos han rodeado ha sido la puesta del arbolito y del nacimiento haciendo las cartas al niño Jesús con música navideña, ponche crema y pan de jamón. Las hallacas por supuesto, aunque nunca las hemos hecho nosotros, pero en cuya hechura en casa de los bisabuelos Scannone siempre ayudamos.

Finalmente, y entre algunas otras costumbres, cuando era más joven, durante los últimos años del colegio solíamos hacer alguna labor social, que podía involucrar visitas a niños en hospitales u orfanatos para llevarles algún detalle. Ahora, una manera de involucrar a nuestros hijos en este tipo de actividades ha sido hacer recolección o limpieza de juguetes y ropa en buen estado para donar.

LOS CUMPLEAÑOS

En cualquier casa, el cumpleaños de algún miembro de la familia es un día especial y es una fecha que cada hogar vive de manera particular y seguramente diferente. Justamente por eso, las celebraciones de cumpleaños forman parte de la identidad familiar. Habrá costumbres que acompañarán a cada familia, desde el modo de cantar el cumpleaños, hasta la comida o a la torta que se ofrece.

En el caso de los niños, resulta que con los años se van cerrando ciclos y se van abriendo otros: es importante hacerles saber y sentir que han crecido, y el cumpleaños es el momento que marca este hecho. Cuando ellos reconocen que, al igual que él, otros se contentan con la llegada del día de su cumpleaños, también se fortalece la autoestima.

Involucrar a nuestro hijo y a los familiares en la preparación de la celebración hará que el evento sea aún más memorable (los hermanos, de hecho, se deberían **alegrar** permitiendo que el protagonista del día sea el homenajeado). Y pensemos que los cumpleaños nos recuerdan que estamos vivos, que existimos y que la vida es un regalo de Dios.

Nuestra manera de celebrar la vida es despertando al cumpleañero con su desayuno favorito y un regalo, acompañado del canto de las mañanitas y del cumpleaños feliz.

También tratamos de hacer las cosas que al cumpleañero le gustan o las actividades que éste proponga, al igual que coordinar el menú de su preferencia... si de mi cumpleaños hablamos, que sobren los tequeños, las tocinetas con pan fresco o tostado y para las velitas no me pongo brava si se soplan sobre una pavlova de fresas con Bufito o sobre una buena *chocolate chip cookie cake*.

LOS DOMINGOS

Somos una familia que va todos los domingos a misa, casi siempre antes del mediodía. Al final de la misa, desde que nuestros niños eran muy chiquitos, solemos comernos un helado y jugar con ellos un rato afuera de la iglesia o conversar con algún conocido.

Luego nos organizamos para el almuerzo. Recuerdo los domingos en mi infancia como el día preferido para *la parrilla* en casa de mi abuelo Miguel y mi abuela Claire, y sigue siendo una tradición reunirnos este día con cierta frecuencia.

Las parrillas nos recuerdan la importancia de compartir en familia y por lo general se disfruta toda la logística, pues cada quien hace o trae algo para colaborar: está quien pone la mesa, quien se encarga de la música o ayuda con los carbones, quien se encarga del postre y de las bebidas. Es un día reservado para conectar y compartir de modo más personal con la familia.

Hay un libro llamado *La mesa católica* en el que se explica que la comida es mucho más que un alimento, también *"es un signo de amor, en parte, porque comprarla, prepararla y servirla exige sacrificio"*[64]. La comida no se hace sola... cocinar siempre implica un trabajo, y ese trabajo es una entrega de tiempo, dinero y energía. Lo que comemos nos conecta con otros, nos reúne en torno a la mesa para hablar, reír, mirar a los ojos, compartir historias, aprender unos de otros, crecer en amistad y en unión[65].

La cultura de la mesa, la viví de manera consciente ya siendo novia de Héctor cuando cada vez que visitábamos a los abuelos Scannone, Mimía y Abuelito, ellos nos recibían con el mayor cariño que se podía para compartir con todos desde un sencillo ponqué y unos cascos de guayaba con queso crema buenísimos, hasta un pasticho de otro mundo completamente hecho en casa (incluyendo la pasta) acompañado de las mejores ensaladas de la tía Adri, y para rematar la favorita: la torta de coco hecha por la tía Helena. Todas estas recetas se siguen pasando de generación en generación y están muy bien detalladas en el libro rojo *Mi Cocina* del tío Armando Scannone, que no falta en las casas venezolanas.

LOS VIAJES POR TIERRA Y LAS VACACIONES

Debo admitir que otra de nuestras características familiares es quizás la poca planificación en cuanto a lo que haremos en el mediano o largo plazo cuando de vacaciones o tiempo de descanso se trata. Se nos hace casi imposible prever lo que haremos en las vacaciones a tres/seis meses o a un año. Y a la vez somos aventureros y nos gustan los planes improvisados.

---

[64] Stimpson, E. (2021). *La mesa católica. La alegría y dignidad de la comida desde la fe* (p. 68). España: CEU.
[65] Idem (p. 66).

Por otro lado, por la conexión que tenemos con Apure debido a la vida del mundo ganadero que siempre ha rodeado a Héctor, rodar por carro en nuestro país es la meta de buena parte de esas temporadas de descanso.

Disfrutamos mucho de los viajes en carro, aunque también tienen su cuota de estrés. Por eso todos debemos aportar y poner de nuestra parte para que las cosas fluyan. El principio del viaje suele ser sencillo, por lo general los pequeños hacen siesta; pero es a mitad de camino y en adelante cuando la impaciencia y el aburrimiento comienzan a hacer de las suyas.

Entonces es cuando sacamos merienda y empiezan los juegos de carretera: contamos gandolas, caballos o hasta tipo de carros; también jugamos al veo veo y a adivina el personaje; algunas veces también jugamos a crear una historia en la que uno comienza con una oración y el siguiente debe continuar agregando otra oración. Cuando era pequeña jugábamos a la cadena de palabras, en la que uno comenzaba diciendo una palabra y el siguiente debía decir esa palabra y agregar otra, luego el próximo debía decir las dos primeras palabras y luego agregar otra, y así sucesivamente.

Finalmente, la herramienta que nunca falla, por lo general hacia el final del viaje: el tiempo de la buena música y también el tiempo de la buena conversación. Nos gusta hablar sobre el lugar que visitaremos, las ideas sobre las actividades que podemos hacer o, cuando vamos de regreso, siempre comentamos sobre lo que más disfrutamos del viaje[66].

LA VIDA DE LLANO

No podía terminar sin antes hablar propiamente del llano y su impacto en nuestra familia. Ya les he contado que Héctor vivió toda su infancia en Apure y, aunque cursó sus estudios universitarios y de postgrado entre Caracas y Boston, hoy en día seguimos conectados de una u otra forma con todo lo relacionado al llano y su cultura.

---

[66] En @hablemosobrefamilia comparto en video *tips* de organización de las maletas para optimizar el uso del espacio y simplificar el proceso. También algunos videos sobre los juegos, consejos para viajes largos en carretera y más. Uno de los que más provechoso hemos encontrado es hacer cambio de puesto cada cierto tiempo del viaje —así todos están felices porque en algún momento les toca su lugar favorito del carro y también se hace más dinámica la convivencia… evitando largos ratos de peleas cuando dos vecinos de puesto se enganchan y que terminan por tornar el ambiente un poco pesado—.

Tan es así, que nuestro matrimonio civil lo celebramos allí e incluso el bautizo de nuestra hija Antonella. No falta en la mayoría de nuestras reuniones familiares el toque musical llanero y, por supuesto, el baile de joropo.

Apure fue el lugar donde pasamos la mayor parte del tiempo que duró la pandemia, porque las clases eran virtuales y decidimos mudarnos. Creo que quizás haber podido como familia acompañar a Héctor en este lugar tan especial para él durante el tiempo que estuvimos allí viviendo, el contacto con los animales y la naturaleza, fue lo que alivió un poco nuestra vivencia de la pandemia.

La cantidad de experiencias que Héctor cuenta por haber crecido en un pueblo, y que le marcaron, dan a entender el porqué de su excepcional manera de vivir la vida ¿Qué persona puede decir que Papo —su abuelo— fue quien trajo los primeros búfalos a Venezuela por barco y avión desde Trinidad, Bulgaria, Australia e Italia directamente a su finca? ¿Quién puede contar haber salvado la vida de un niño picado de serpiente con un suero hecho por Abuelito y Mimía desde la facultad de farmacia de la Universidad Central de Venezuela? ¿Quién puede decir que se compró su primer carro a los 16 años de edad con sus ahorros resultado de varios negocios, entre ellos de la venta de casa en casa de humus de lombriz fabricado por él mismo? Incluso, ¿quién puede contar que ayudó a descubrir la conexión de unos animales perdidos con el robo por parte de grupos de guerrilleros o bandas peligrosas?

En los pueblos, es muy fácil saber quién es quién... particularmente los apureños se caracterizan por ser expertos en el manejo de la información —dicen que si quieres encontrar el responsable de lo que sea que haya sucedido, averiguar a través de un apureño, resultará siempre la vía más efectiva—.

Pero, así como las noticias negativas salen a relucir rápidamente, en los pueblos también se ayudan entre todos y las conexiones sobran: tu vecino es un buen médico, el papá de la compañera de colegio de tu hija es panadero, la que decora fiestas es la esposa del socio de tu compadre, la mamá del técnico de aires acondicionados es la gestora y así sucesivamente.

Recuerdo que cuando llegamos a Apure en junio del 2020, nos dimos cuenta de que no teníamos internet para las clases online. Todavía hoy muero la de vergüenza al recordar el *show* que hice porque insistía que nos debíamos regresar a Caracas inmediatamente porque los niñitos perderían sus clases. Lo cierto es que al rato ya el tema estaba resuelto gracias a unos vecinos que se dieron cuenta de mi frustración y se acercaron para preguntar si nos podían ayudar con algo: sin dudar un segundo, nos conectaron a sus señales mientras lográbamos solucionar con los proveedores del servicio.

Sin contar que además las primeras semanas recibimos cantidad de detalles entre tortas, pizzas con nutella, frijoles y pare de contar por parte de varios conocidos mostrándonos su afecto y haciéndonos sentir cada día más a gusto.

La verdad es que durante ese tiempo como familia creamos lazos y recuerdos que quedarán grabados para todas nuestras vidas. Mientras en Caracas sabíamos de muchos que se encontraban bastante aislados, nosotros pasábamos las tardes en la finca. Así fue como a lo largo de casi dos años, nuestros niñitos aprendieron a nadar, montar bicicleta, alimentar a los búfalos, criar gallinas y patos entre muchas otras actividades. Los fines de semana hacíamos paseos, visitamos las fincas de algunos conocidos y un par de veces fuimos a pescar en el Cinaruco, entre otras actividades.

Es verdad que estábamos un poco solos. Dejamos en Caracas a muchos amigos y familiares, pero ¿quién no estaba un poco solo en ese tiempo? Lo cierto es que, en general, fueron tiempos complicados —y por primera vez, no se trataba de un tema venezolano, sino mundial—.

Pero al mismo tiempo, afortunadamente, nuestros hijos empezaron a hacer relaciones con otros niños de la urbanización; jugaban por las tardes, salían a montar bicicleta y hasta fueron invitados a uno que otro cumpleaños.

> El llano, en general, ha sido sin duda el aspecto en que quizás Héctor ha aportado a nuestra *identidad familiar* de modo más profundo.

Y es que en definitiva visitar el llano nos ha dejado una huella particular y honda, en la cual hemos desarrollado distintos valores de trabajo, arraigo y cariño por nuestro país, sencillez de vida, aprendizajes variados, sensibilidad social y humana... tantos aspectos que son sin duda gracias al contacto con el campo.

Aspectos tan elaborados o simples, como conocimiento sobre la cría de animales de granja y procedimientos de elaboración de productos lácteos, habilidades para la pesca o para montar a caballo, gusto por alimentos como la cachapa y el chicharrón, comprensión del impacto e importancia de las condiciones ambientales, uso de recursos naturales y tantos más.

14.

Ser felices, alcanzar la paz y que no falte la esperanza

Ya vamos terminando el libro, y quería ir cerrando con este capítulo, pues la aventura de formar familia nos puede hacer sentir que vamos como en una montaña rusa de dificultades, emociones y pensamientos. Pero no vale la pena quedarnos dando vueltas viciosamente sobre lo negativo... siempre hay que *intentar mirar el futuro con ilusión*, a pesar de cualquier contrariedad o dificultad por la que podamos estar pasando.

Nos podríamos preguntar entonces: ¿cómo podemos alcanzar la paz y estar tranquilos recorriendo la montaña rusa de la vida de familia?

A lo largo del libro he intentado inspirarlos a convertir **su familia en su principal proyecto de vida**, pues se sabe que cuando las personas tienen un objetivo encuentran razón a sus vidas.

En ese sentido, el estilo de vida familiar o la identidad familiar, importará en tanto esté dirigida y colabore con alcanzar esa meta (la cual sería lograr **ser** aquello que queremos como familia).

LA IDENTIDAD FAMILIAR Y SER FAMILIAS FELICES ¿LA PAZ ES POSIBLE?

Por mi rol de madre, tiendo a ser calculadora y cuando algo se me sale de control (que es lo más seguro que ocurra), me angustio.

Pero las preocupaciones no necesariamente son siempre negativas, de hecho, pueden llegar a ser muy provechosas para motivarnos e impulsarnos a actuar en determinadas ocasiones.

> No podemos controlar las cosas que nos ocurren, pero sí podemos controlar la forma como reaccionamos ante ellas.

Por lo general tendemos a echarle la culpa a las cosas que "pasan". Es nuestra justificación para no mantener la calma. Sin embargo, la tranquilidad no puede depender de que todo vaya perfectamente.

Todos atravesamos situaciones que nos estresan, de hecho, la paternidad es, ya de por sí, contrariosa y surgen dificultades reales. Pero, justamente por eso, no somos los únicos en "sufrir": evitemos victimizarnos porque eso nos impedirá avanzar. Centrarnos en nuestro yo o en nuestra dificultad nos paraliza y nos disminuye. Hay que intentar *aceptar* las cosas que nos pasan para poder asumirlas y comenzar a ocuparnos.

No podemos ser las mujeres más bellas, divertidas, con la mejor casa y la más ordenada, con los hijos más inteligentes y habilidosos como tampoco los hombres más productivos, poderosos, compasivos, admirados... cuando lo entendamos y lo aceptemos, empezaremos a disfrutar de lo que sí somos o sí tenemos, porque, como lo mencionamos en el capítulo anterior hablando de Venezuela, la felicidad tiene más que ver con la mirada o la interpretación que le damos a la realidad, que con lo que nos ocurre.

Por eso, es bueno establecer *estrategias* que nos ayuden a poner los medios para encontrar esa paz y el equilibrio que tanto deseamos. Les comparto algunas de las cosas que he ido descubriendo que pueden ayudar a fomentar el bienestar y la tranquilidad:

1. **Conocernos y aceptar:** debemos invertir tiempo en saber y entender cuáles son los detonantes de nuestras angustias o reacciones impulsivas. Podemos anotar cuáles son esas cosas que suceden y que no sabemos abordar para poder analizarlas más racionalmente y encontrar el modo de contrarrestarlas o *aceptarlas*.

No tengamos miedo a ser vulnerables, todos sufrimos en alguna medida; eso nos permite ser más compasivos y nos permite conectar con los sufrimientos de otras personas. Y es que es imposible acertar siempre: es posible que no nos salgan las cosas después de intentarlo alguna vez o incluso varias veces.

Aceptar los fracasos y dominar la frustración es parte de lo que necesitamos para poder estar serenos y no paralizarnos. Ni nosotros ni nadie puede ser perfecto y cada familia tiene su ritmo, sus retos, sus propias dificultades a enfrentar.

Por otro lado, tengamos presente que aceptar también tiene que ver con evitar las comparaciones con otras mamás, esposos o familias y con asumir que algunas cosas simplemente no permanecen iguales o que cambian.

Finalmente, lo que no podemos cambiar o controlar... hay que soltarlo o perdonarlo; pues aceptar también es aprender a perdonar cualquier cosa que sucede o haya sucedido a nuestro alrededor y a cualquier persona que nos esté impidiendo avanzar —debemos aprender a perdonarnos incluso a nosotros mismos, si nos hemos equivocado en la dirección que hayamos escogido en determinado momento para nuestras familias, pues siempre es válido evolucionar y redirigir el rumbo—. Ya hemos comentado que no hay recetas exactas para las familias y cada quien debe estar en paz afirmando que ha escogido el camino que consideraba necesario.

2. **Trabajar en la asertividad:** hay que aprender a decir lo que sentimos, lo que queremos y lo que no queremos con respeto; entendiendo que hay realidades que pueden mejorar si aprendemos a priorizar y a defender los derechos que tenemos como esposas, madres, personas individuales. Algo que me ayuda es preguntarme: ¿es racional luchar por esto? Si la respuesta me lleva a un sí, entonces sé a qué debo prestar atención y qué debo priorizar... sea el tiempo personal, la salud, el tiempo con los hijos, el trabajo, el descanso, la unión matrimonial, la vida interior, los amigos, la formación de padres, etc.

3. **Cuidar el alma, el cuerpo y la mente:** al igual que los hijos, debemos estar pendientes de nuestra salud, alimentación, ejercicio, arreglo, descanso, etc. Los malos *hábitos* pueden ser en muchos casos los responsables y los que nos llevan por un camino confuso. Poniendo cierto *orden*, recuperamos la energía que necesitamos para afrontar cada día con mejor aptitud. Por eso, vale la pena tener cerca a algún director espiritual, guía de vida, y experto de la salud a quienes podamos acudir siempre que lo necesitemos.

4. **Fomentar las amistades:** que sean profundas y reales. Cuando hay que elegir algo, lo primero son los amigos. Los amigos son una necesidad, no un lujo. Para la mujer, una amiga es importante, porque ella puede comprender cualquier cosa por la que estemos pasando, incluso, podría estar pasando por una situación similar a la nuestra —nosotras tenemos una gran necesidad de comunicarnos... no sé qué tan cierto sea, pero dicen que las mujeres pronunciamos un poco más del doble de palabras que los hombres al día; quizás eso explica que las largas conversaciones telefónicas o los cafés interminables entre amigas son espacios que reconfortan y recargan nuestras vidas—.

5. **Ser amables y bondadosos; dar y recibir afecto (amar); y hacer algo por los demás:** una de las claves de la armonía está en las buenas relaciones, y las cualidades más importantes para tenerlas son la amabilidad y la bondad, de las cuales ya hemos hablado anteriormente. Estas nos ayudan a conectar con nuestros seres queridos y pueden ayudar a otros a ser empáticos con nosotros. La amabilidad es una de las bases del respeto y se sabe que practicarla produce sensación de bienestar. Por otro lado, como diría Marian Rojas Estapé, hacer mayor contacto físico con las personas que queremos, decir "te quiero", mirar a los ojos, dar besos y abrazos de aquellos *de más de 8 segundos*, es importante, pues como hemos repetido, el amor es quizás una de las cuestiones más importantes de nuestras vidas. Finalmente, incluir acciones de donación personal como visitar alguna tía mayor o abuelos, llamar o contactar a nuestras amigas para ser apoyo en situaciones de dificultad, preparar alguna comida a esa persona cercana que está atravesando algún dolor. Otras veces, será comprender o mostrar nuestra compasión a las familias que vivan una situación complicada con sus hijos... "Somos mucho más felices cuando en lugar de juzgar, buscamos aliviar a los demás".

6. **Fortalecer la voluntad:** una persona con voluntad llega más lejos que una persona inteligente, pues la voluntad es la facultad capaz de impulsar la conducta y dirigirla hacia un objetivo determinado y la *felicidad* se obtiene como resultado de haber conseguido aquello que se ha deseado, lo que nos lleva a estar contentos con nosotros mismos (Enrique Rojas Montes). Por otro lado, recordemos que hay que buscar dominar lo externo —la psicología moderna, de la mano de la psicología americana conductista, define la voluntad como *la capacidad para aplazar la recompensa y la gratificación instantánea*— cuanto más dependamos de cosas externas, seremos menos libres... sucede que entre más complacemos nuestros gustos, nos vamos haciendo más dependientes de estos y menos fuertes o capaces de dominarnos; por tanto, retrasar las gratificaciones poniendo límites al teléfono, redes sociales, tecnologías, lo que vemos, comemos, tomamos, compramos, los vicios, etc. nos puede ayudar a fortalecer la voluntad[67].

---

[67] "Aprender a dominar nuestros gastos, cambiar las expectativas y soltar, nos dará un poder liberador". El ansia de tener más y de calmar nuestras inquietudes con dinero o placeres (compras, alcohol, comidas, poder, encuentros de sexo casual, etc.) solo nos llevará a necesitar más; al final no hallaremos una manera sana de calmar nuestras inquietudes o inconformidades (Meg Mekker).

7. **Aprender a relajarnos y disminuir la prisa:** incorporar o practicar en mayor medida algunas actividades relajantes como oír música, tomar un masaje, practicar el hobby que nos gusta, disfrutar de la buena compañía de algunas personas o incluso de alguna mascota. Propiciar el encuentro íntimo con nuestro cónyuge. Pasear al aire libre, hacer ejercicio, leer un libro, apartarnos del bullicio de vez en cuando, etc. Y es que a veces estamos tan ocupados que no logramos relajarnos ni logramos tratar a la gente con pausa. Permanecemos en ese estado de *correcorre* del cual nos cuesta deshacernos, pero esa prisa no nos permite ver las cosas en perspectiva —no somos capaces de mirar lo que tenemos a nuestro lado con asombro (a veces una hermosa familia, un maravilloso esposo, un buen trabajo, amigos verdaderos, etc.)—. Intentemos bajar el estilo de vida a uno un poco más lento y pausado.

8. **Trabajar:** dedica tiempo a ese proyecto o tarea que tengas entre manos y hazlo lo mejor que puedas. Dicen que hay sólo dos cosas en la vida que realmente nos hacen felices de modo prolongado; una es la satisfacción del trabajo bien hecho y la otra es el sentirnos y sabernos amados[68] (por Dios, algo que *es*, y por los demás).

9. **Rezar y confiar en Dios:** hay estudios médicos que demuestran que las personas que hacen oración disfrutan más de la vida y tienen mejor salud. Además, la fe *es seguridad de las cosas que se esperan,* **certeza de lo que no se ve** (San Pablo). Y es que en la familia muchas cosas darán resultado a largo plazo y son intangibles, por lo tanto, no se ven como la *intención* de mejorar en algo... por eso siempre existirá la posibilidad de que el presente cambie con la esperanza de un futuro mejor[69].

Cuando sentimos que los medios humanos no han sido suficientes y que nuestra lucha no tiene sentido, es momento de acudir a Dios y pedirle con confianza que nos saque de esa situación utilizando aquellos esfuerzos que hemos puesto; al mismo tiempo que nos proporcione la capacidad de la espera alegre mientras lo que le pedimos ocurre

---

[68] DIRECTIVOS CEDE. (12 de noviembre de 2021). Marian Rojas: *el efecto de la tecnología y las redes sociales* [Archivo de video]. Youtube. https://www.youtube.com/watch?v=VWkSMHoK-Ns (min.14'44).

[69] Meeker, M. (2013). *Los 10 Hábitos de las madres felices* (2da ed.) (p, 230). Madrid: Palabra.

—cuestiones que son factibles, porque si sucede algo verdaderamente malo, en último término hay un Dios bueno que está a cargo de todo[70]—. Habrá cosas que no comprenderemos nunca, y la vía para estar serenos es abandonarnos en Dios (confiar en que Él sabe más), pues esta es la única manera de sobrellevar todo aquello que nos hace sufrir (una enfermedad grave, un hijo "descarrilado", dificultades matrimoniales o económicas, un duelo, injusticias, etc.).

Finalmente, tener en cuenta que crecer hacia adentro (en vida interior) nos da la base y fortaleza que necesitamos para crecer hacia afuera: preparando el terreno... como el árbol que asombra por su gran tronco, frutos y ramas, pero que en realidad no podría desarrollarse si primero no echa las raíces para la búsqueda de los nutrientes que necesita y que se esconden en la profundidad del suelo (que, adicionalmente, le proporcionan la estabilidad y seguridad que evidenciamos desde fuera).

10. Ponerle freno a la tecnología: hoy día, aquello que no obtenemos de inmediato, de hecho, lo toleramos cada vez menos; y no podemos evitar sufrir las consecuencias... así como la frustración que esto nos genera. El abuso de la tecnología, cuando se usa para el ocio (no estudio o trabajo), hace que nos convirtamos en personas más agresivas, e impulsivas, también nos quita la capacidad de concentración y empatía (Marian Rojas Estapé).

En la vida y para educar, hace falta aprender a ser **pacientes** (lo cual no significa conformarse, sino adquirir la capacidad de la verdadera espera). Necesitamos aprender a controlar con la voluntad nuestros impulsos y ser capaces de esperar resultados.

Específicamente en el ámbito educativo, no existen estrategias que solucionen de inmediato las situaciones, porque suelen ser de esas que gratifican el momento: toma el juguete, come el chocolate, ve el programa que querías... con tal de calmar ese llanto, esa queja. Este tipo de soluciones rápidas nos lleva sin querer a experimentar una sensación de felicidad, pero es simplemente una sensación, pues es corta (así como ha venido, así mismo también se va).

La tecnología no ha sido creada con un fin negativo en sí mismo, por el contrario, ha traído enormes beneficios, pero hay que entender cómo funciona para evitar que nos controle.

---

[70] Meeker, M. (2013). *Los 10 Hábitos de las madres felices* (2da ed.) (p. 230). Madrid: Palabra.

Los creadores de grandes plataformas como la de Facebook han admitido que su fin es lograr mantener conectados el mayor tiempo posible a los usuarios; por eso, han creado estrategias que produzcan cierto placer en las personas como el *like*.

A continuación, ofrezco algunas recomendaciones para su uso en nuestras casas y en lo personal:

- Limita el tiempo de uso de los dispositivos electrónicos.

- Activa el modo avión con frecuencia.

- Evita ver el teléfono cada vez que recibas una notificación o mensaje (incluso elimina las notificaciones de ser posible).

- Establece los espacios o situaciones donde no está permitido su uso, como en la mesa a la hora de comer o en la cama a la hora de dormir.

- Habla con las personas que tengas a tu alrededor en lugar de mirar el celular.

- Planifica actividades al aire libre.

- Evita compartir absolutamente todo por las redes (evalúa la intención con la que posteas y si en el fondo estás buscando algún tipo de aprobación).

- Reserva tu intimidad y mantenla fuera de las redes sociales.

- Haz una llamada o planifica un encuentro presencial con la persona con la que deseas chatear.

- Intenta usar más tus dispositivos para actividades relacionadas al trabajo que para la distracción, estudio u otras que sí estimulen tus capacidades del pensamiento.

- Establece normas para todos los miembros familiares de la casa. En relación con esto, sabemos que no podemos vivir aislados ni apartados de la tecnología, pero sí la podemos incorporar de manera consciente e inteligente.

Nuestros hijos saben que recibirán el celular a los trece años de edad y nosotros les damos las razones... como Héctor y yo hemos sido claros, ellos han aceptado esta situación con tranquilidad. A Héctor, nuestro hijo mayor, cuando cumplió doce años, lo fuimos incorporando permitiéndole abrir algunas aplicaciones desde nuestros celulares y le fuimos guiando sobre todo en cuanto a la forma de relacionarse en redes.

Los niños necesitan comprender que ellos son la misma persona en el mundo presencial y en el *online*, por eso todo lo que muestren en redes debería ser algo que también mostrarían de manera presencial y frente de otras personas (y es que lo que se sube a la red, pasa a ser del dominio público, como ya lo hemos comentado). En ese sentido, deben imaginar que es como si estuvieran en algún lugar abierto como un parque, centro comercial o salón de clases... donde otros miran y oyen lo que dicen.

También debemos orientarlos respecto a la comunicación que establezcan con otras personas, la cual debe estar basada en el respeto mutuo.

Finalmente, nuestros hijos saben que cuando reciban el celular existirán normas en cuanto a su uso, entre ellas un horario limitado, tendrán que devolverlo por las noches, deberán usarlo en espacios comunes —pero evitando su uso en ambientes para compartir en familia como la mesa o los traslados en carro—. Finalmente, deberán compartir sus claves con nosotros mientras les hacemos un acompañamiento por el tiempo que consideremos hasta estar seguros de que han conseguido la madurez necesaria para poder gestionarlo libremente de manera adecuada. Poco a poco les iremos soltando, pero haciéndoles saber que pueden acudir a nosotros **siempre** que quieran para consultarnos cualquier duda que tengan sobre el uso de las tecnologías.

> La pornografía es la industria más poderosa en la actualidad y con mayor presencia en el internet (sabemos que hoy en día la pornografía se ubica en el puesto número uno de las adicciones), es la droga más consumida en nuestros días. Cuando le damos el celular a nuestro hijo, le estamos abriendo las puertas a un mundo donde no toda la información a la cual tienen acceso es adecuada para los jóvenes. ellos no están suficientemente maduros para poder digerir todo lo que está disponible en el internet (incluso para un adulto puede que sea inconveniente). Como padres enseñemos a los hijos a formar criterio y usar la tecnología principalmente para el estudio y el desarrollo del pensamiento —actividades que los inviten a pensar— (Ninoshka Freites de Christiansen).

SIEMPRE SE PUEDE RECOMENZAR, LA FAMILIA ES ESPERANZA.

Ahora sí estamos llegando a las últimas líneas de este pequeño libro que he escrito con cariño; y qué mejor manera de hacerlo que desde un mensaje **esperanzador.**

¿Que hay familias en crisis? ¿Que muchas veces nos podemos sentir desorientados?

Sí, pero recuerden lo que he repetido desde el principio del libro: no hace falta ser padres perfectos, sino luchar por ser buenos. Lo mismo aplica para nuestras familias: ¡no tienen que ser perfectas!

Pensemos que, para poder vivir una vida de familia a plenitud, *tenemos que estar seguros de que nuestros esfuerzos son suficientes.*

Los altos estándares educativos que se intentan imponer hoy en día, van llenando de miedos[71] a los padres... principalmente del miedo a la equivocación.

Una de las cosas seguras en la vida de familia es que nos equivocaremos... y mucho; lo otro seguro es que nuestros hijos se beneficiarán de nuestras caídas —pues, entre otras cosas, aprenderán a ser más comprensivos con otros y hasta con ellos mismos, pues irán aprendiendo que la vida conlleva errores... también aprenderán que la manera de enfrentarlos es a través de la lucha constante—.

---

[71] Rafael María Balbín en su libro *En Favor de La Familia* explica que el miedo o temor es una reacción natural ante aquello que amenaza los bienes que amamos. Es una advertencia saludable para que protejamos lo que merece ser protegido. Sin embargo, no hay que exagerarlo. Los valientes no son los que no sienten miedo... sino quienes lo vencen.

El miedo a no ser los padres perfectos que exigen nuestros tiempos nos está comiendo, porque los estándares de crianza y sus lineamientos son prácticamente imposibles de alcanzar y en muchos casos no se adaptan a todas las realidades familiares ni a las situaciones que se viven en cada hogar. Sin considerar otras consecuencias como el común rechazo a la paternidad por parte muchos matrimonios jóvenes —quienes se atreven a tener pocos hijos o ninguno—, ni la sensación de ahogo que experimentan los padres al concientizar la imposibilidad de alcanzar el estándar ideal. Las familias no necesitan sentirse juzgadas sino acompañadas y comprendidas... vale la pena atrevernos a combatir el miedo "el cual oscurece el alma. Nos quita libertad. Estrecha el corazón y nos pone en modo: 'Sálvese quien pueda'" (Paola Bautista de Alemán). *Estando seguros de que nuestras luchas son más que suficientes para educar, empezaremos a salir de ese estado de alerta que nos impide* **vivir a lo grande la vida de familia.**

Finalmente, no queda duda de que la familia es el mejor lugar para equivocarnos, también es el mejor lugar para rectificar, porque es donde aprendemos a levantarnos y donde el esfuerzo cuenta como el mayor de los logros, también porque es un lugar donde te quieren por como eres sin importar las imperfecciones... ¡eso es maravilloso! No nos enfoquemos tanto en los resultados como en el recorrido que vamos haciendo para llegar a la meta, y si adicionalmente le ponemos nuestro cariño, *lo comenzaremos a disfrutar de formas inimaginables.*

Todos tenemos el anhelo de ser aceptados, amados, queridos... Y las familias son las mejores escuelas de **amor**, ya que es allí donde más se practica el querer —en la cotidianidad para ayudar a un hijo, a un hermano, a un abuelo...–.

Busquemos concientizar que incluso cuando las cosas no estén tan bien (país, trabajo, economía, educación) podemos ser capaces de permanecer alegres mientras trabajamos por alcanzar alguna cosa sin conformarnos. Intentemos evitar la queja, la cual no resuelve nada, y nos va llenando de pensamientos tóxicos que en muchos casos agrandamos.

Y preguntémonos: ¿qué hacemos cada día para hacernos mejores; *para agradar y amar mejor* a las personas de nuestras familias con quienes convivimos? ¿Estamos dejando la piel haciendo lo que tenemos que hacer cada día para superar aquellas cosas que de alguna manera nos hacen sufrir porque requieren de nuestro esfuerzo, de nuestra entrega, de nuestra paciencia?

Ilusionémonos cada día y demos gracias por todas las cosas buenas que tenemos y que nos ocurren; busquemos ser **sencillos** como los niños; asombrarnos de las pequeñas cosas que se hacen grandes porque son las que de verdad llenan nuestras vidas: la conversación en el carro cuando haces de chofer, el abrazo que ofreces a tu hijo porque se pegó y le duele, las gracias que recibes cuando la comida estuvo rica, el descanso cuando te acuestas junto a los hijos un rato antes de dormir, notar cada uno de los avances y aprendizajes de ellos, la compañía de la familia y de las personas vitamina que nos rodean, el respaldo que nos damos unos a otros cuando lo necesitamos...

Y recordemos que "cuando la persona vive su infancia en una familia 'sana' —en la que los miembros se quieren y se respetan; cuentan con las necesidades materiales cubiertas, y está abierta a la dimensión espiritual— tiene la experiencia de la **paz**"[72]. Sin olvidar que cada cosa que hagamos en favor de nuestra familia, fortalecerá a la institución universalmente.

---

[72] Benedicto XVI. (2008) *Paz en la familia*. Opusdei.org. Recuperado de https://opusdei.org/es/article/2008-paz-en-la-familia/

15.
Complementos

Para despedirme, dejaré algunas herramientas extras que les pueden ser útiles a la hora de estructurar y poner en práctica lo que desean construir como familias sobre la base de su propia *identidad familiar*.

Hay muchas cosas que son en realidad personales y dependen de cada quien. En cuanto a la crianza, por ejemplo, cada hijo debería ser educado de manera única e individual, debido a que no necesariamente lo que conviene a uno, conviene al otro. En ese sentido, es evidente que no implementarán al pie de la letra lo mismo que nosotros. Pero seguramente sabrán encontrar ese punto medio o común de algunas de las ideas que les he venido planteando, pues a lo mejor coinciden con su visión o circunstancias y serán aprovechables a la hora de forjar sus familias.

Sin embargo, para lograr una identidad familiar acorde *al ser de la familia*, es importante que la persona pueda desarrollarse en un ambiente que no viole su naturaleza y que colabore con su *perfeccionamiento*. Así es como se entiende que las familias pueden ser distintas entre sí en cuestiones *accidentales*, pero si existiese alguna violación de lo fundamental, aquello no puede formar parte de la identidad familiar.

Por ejemplo, parte de la identidad de una familia no puede incluir la práctica de ningún tipo de abuso, como tampoco puede estar fundamentada en alguna estructura familiar *escogida* que no coincida con la forma natural en que viene un niño al mundo y, por lo tanto, en la que debería ser cuidado.

> Las cuestiones accidentales que no perfeccionan a la persona tampoco formarán parte de la identidad de la familia, porque no se desean propiamente; más bien *siempre debería de existir y prevalecer la lucha constante por combatirlas o desecharlas*.

Ahora les dejaré algunos datos sobre el temperamento y el carácter, así como algunos ejemplos de cómo hacer un plan de acción; todo esto, con la intención de que nos dediquemos un tiempo a pensar en cómo es nuestra familia y cómo quisiéramos que fuese, a la vez que trabajar sobre los medios que podemos implementar para lograr todo aquello que nos planteemos como meta o sueños.

La mejor forma de impulsar nuestros hogares es trabajando con **intencionalidad** y evitando la improvisación a la cual solemos acudir frecuentemente. Cuando nos proponemos algo y ponemos nuestra *atención* en ello, al igual que nuestro esfuerzo, somos capaces de lograr grandes cosas.

TEMPERAMENTO Y CARÁCTER

Después de conocer que las personas nacemos con un **temperamento** que puede determinar en cierto sentido la forma de ser/actuar de nuestros hijos y la propia inclusive, Héctor y yo también aprendimos que estos se pueden controlar con el **carácter**, que es educable y se forja mediante hábitos —el carácter es el responsable de encauzar el temperamento o de potenciarlo a su máxima capacidad—.

Los temperamentos son el conjunto de inclinaciones innatas que imprimen rasgos distintivos a la conducta[73] y son los que colaboran o entorpecen de alguna manera el modo de relacionarnos con el mundo exterior. Por ejemplo, si un hijo es **colérico**, es un niño que se enoja fácilmente, pero también es decidido y líder; si es **sanguíneo**, es un niño amoroso, esperanzador y valiente, pero puede ser desordenado; si es **flemático**, es un niño calmado y en casos puede ser apático e indiferente; y si es **melancólico**, es un niño soñador, ordenado y talentoso, pero sensible introvertido y un tanto pesimista.

A continuación, comparto un cuadro sobre las características de los cuatro principales temperamentos infantiles y otro con recomendaciones pedagógicas para cada uno[74].

Los principales temperamentos son, como hemos visto:

1. Melancólico   **2.** Colérico   **3.** Sanguíneo   **4.** Flemático

---

[73] Bochaca, J. (2017) *Conoce su carácter y mejóralo* (2da ed.) (p. 7). Madrid: Palabra.
[74] IFFD (2013). *Temperamento y carácter de los hijos.* Programa de Orientación Familiar Primeras Conversaciones.

CARACTERÍSTICAS

MELANCÓLICO

- Niño sensible de mirada sencilla y tímida.
- Transmite tranquilidad.
- Es feliz y soñador en general, aunque cuando se encierra en sí mismo está triste.
- Se encuentra a gusto con sus padres.
- Es talentoso y perfeccionista.
- Le gusta leer, los juegos de mesa y escuchar música.
- Es ordenado y cuida de sus cosas, tiende a ser metódico y persistente.
- Es lento, reflexivo y cauto en sus decisiones.
- Tiende a ser introvertido, tener pocos amigos, pero fieles. Es tímido, le afecta que se le queden mirando o se burlen de él.
- Es un tanto pesimista y quejoso ante las dificultades.

COLÉRICO

- Es un niño fuerte y dinámico.
- Su mirada es segura, intensa y directa.
- Camina con decisión y control de su cuerpo.
- Tiene mucha energía.
- No necesita dormir mucho.
- Tiene buen apetito.
- Es un niño impulsivo.
- Le gustan los retos y es competitivo.
- Se esfuerza por ser el mejor.
- Es brusco, no mide su fuerza.
- Sabe lo que quiere, es perseverante.
- Se enoja si algo no sale como quiere.
- Cuando no se le complace se enfurece.
- Amenaza con gritos y golpes.
- No es sensible a los sentimientos de otros.
- Es líder por su carácter dominante.
- Es extrovertido y autoritario.
- Es trabajador y se siente autosuficiente.
- Le gustan los cuentos de hazañas y héroes.

CARACTERÍSTICAS

SANGUÍNEO

- Niños de constitución esbelta.
- Movimiento ágil y rápido.
- Rostro expresivo, mirada viva y alegre.
- Es inquieto, incansable.
- No necesita dormir mucho.
- Tiene buen apetito.
- Es un niño simpático.
- Generalmente está de buen humor.
- Se consuela rápidamente.
- Se le dificulta terminar lo que empieza.
- Suele aburrirse.
- Trabaja con rapidez
- No presta mucha atención a los detalles.
- Es sociable y conversador.
- Detesta la soledad.
- Tiene gran capacidad para divertirse.

FLEMÁTICO

- Es un niño calmado.
- No se enoja o agita casi nunca.
- Tiene una conducta estable, sin altibajos.
- Es perezoso y le cuesta madrugar.
- Es callado y obediente.
- Algo negligente en sus responsabilidades.
- Los pequeños fracasos no le afectan.
- No tiene mucha energía.
- No se plantea retos o metas grandes.
- Trabaja pausadamente y presta atención a los detalles.
- Es ordenado, guarda todo en su lugar.
- Tiene mucha paciencia y es observador.
- Se relaciona bien con otros niños.
- Es simpático.
- Su actitud es positiva mientras mantenga su rutina habitual.

RECOMENDACIONES

MELANCÓLICO

- Debe realizar por sus propios medios todo lo que sea capaz de hacer: comer, vestirse, cargar su bulto, lavarse, etc.
- Animarlo a relacionarse con nuevas personas.
- Invitar amigos a la casa.
- Animarlo a realizar actividades físicas.
- Reforzar con alegría sus esfuerzos y reconocerle las acciones bien hechas.
- No se le debe aceptar su tendencia al mal humor y desaliento.
- Los padres deben hacer el esfuerzo de comprenderlo sin burlarse nunca de él.
- Necesita constante aliento y buen ejemplo de los padres.
- Muestras de afecto: palabras de afirmación y toque físico.
- El castigo debe usarse con mucha prudencia, pues los desaciertos provocan desconfianza y prolongado enojo.

COLÉRICO

- Necesita de unos padres firmes, justos, que no le permitan abusar de los límites.
- No sucumbir a sus rabietas o caprichos.
- Hay que pedirle las cosas por las buenas.
- Necesita padres serenos.
- Enseñarle que debe controlar su ira.
- Ayudar a que sea más generoso.
- Hacerle reflexionar sobre su egoísmo y desconsideración con otras personas.
- Ayudarle a suavizar su terquedad, a saber perder, a alegrarse por los éxitos de los demás, a ceder y a no ser siempre el primero.
- Importante la actividad física para que pueda encauzar su energía desbordante.
- Darle responsabilidades que le hagan sentirse importante y le ayuden a canalizar su liderazgo en un sentido positivo.
- Trabajo de hábitos buenos con anticipación.
- Potenciar virtudes opuestas a malos hábitos.
- Los padres deben hacer el esfuerzo de comprenderlo.

RECOMENDACIONES

COLÉRICO

- No criticar todo lo que ha hecho mal.
- Felicitarlo cuando ha actuado bien.
- Muestras de afecto: palabras de afirmación y toque físico.
- Necesita de una figura madura que le ayude a reflexionar (profesor, amigo, padre).

SANGUÍNEO

- No sobrestimularlo con demasiadas actividades.
- Ayudarle a terminar el juego o actividad que haya comenzado.
- Regular el uso de la televisión, videojuegos.
- Las rutinas son muy importantes y el ambiente tranquilo para él.
- Ayudarle a controlar su cuerpo (permanecer sentado cuando come o trabaja), intentar que esté tranquilo y no corra atropelladamente a todos lados.
- Ayudarle a ser paciente. No hacerle caso cuando interrumpe, ni darle todo lo que pide instantáneamente. Retrasar las gratificaciones.
- Los padres deben ser constantes y cariñosos al exigirle el cumplimiento de lo que se le ha propuesto.
- Ayudarle a desarrollar hábitos como el orden, que le permitan realizar las cosas con mayor disciplina.

FLEMÁTICO

- Ayudarlo a relacionarse con otras personas.
- Animarlo a hacer actividades físicas y lúdicas.
- Ponerle pequeñas metas alcanzables.
- Enriquecerlo con nuevas actividades que le estimulen el desarrollo sensorial e intelectual.
- Necesita mucha explicación para la comprensión de lo que se le ha pedido o enseñado.
- Los padres deben dejarle más iniciativa en los juegos, el vestir, el comer, etc.

Es importante tener en cuenta que con esta información no debemos pretender etiquetar a los hijos, sino usarla como una herramienta adicional para conocerlos y comprenderlos mejor.

Debemos saber que, aunque es posible que un niño tenga rasgos predominantes de un temperamento en específico, también podría tener rasgos de varios temperamentos al mismo tiempo, lo cual reafirma que la educación debe ser personalizada (pues lo que sirve a uno, es posible que no funcione con otro).

También debemos recordar la importancia de aprender a reconocer siempre los pequeños logros alcanzados: como aquel que es menos optimista y agradece o aquel que es más impulsivo y se domina e incluso aquel con habilidades musicales, deportivas o intelectuales que las lleva a un alto nivel profesional con su dedicación y trabajo.

Finalmente, *no hay que perder de vista que los niños mostrarán su verdadero temperamento siempre que estén cubiertas sus necesidades básicas y haya estabilidad a su alrededor*; pues de lo contrario podrían tender a esconder sus habilidades o simplemente mostrarse distintos a quienes son. Por ejemplo, un niño que temperamentalmente es sociable y pasa por un momento de vida en que se manifiesta retraído o aislado, seguramente es porque hay algo en su entorno que le está afectando... habría que ver si es falta de estabilidad, estructura, rutina o tiene sus necesidades afectivas, físicas o emocionales insatisfechas.

¡CELOS, CELOS Y MÁS CELOS!

Una de las causas por las cuales un niño puede mostrar un temperamento diferente por verse afectadas sus necesidades afectivas es el tema de las rivalidades entre los hermanos y los celos hacia la madre o al padre. Por eso me pareció conveniente agregar este título, debido a que es una situación que todas las familias en algún momento de la crianza podrían atravesar con sus hijos.

Los niños manifiestan celos y lo hacen de diferentes formas, a veces ni siquiera nos damos cuenta de que las conductas indeseadas de los hijos en ocasiones podrían ser consecuencia de los celos.

Los celos no siempre se han entendido bien, sin embargo, el conjunto de sentimientos y actitudes que se engloban en la palabra celos merece estudio por parte de los padres:

> Los celos son competencias, pequeñas envidias, sentimientos de desviación de cariño, aparente falta de afecto, sentimiento de responsabilidad de hermano mayor, introducción de la "comparación" en el ambiente familiar, etc.

Muchas de las conductas "malcriadas" que etiquetamos como tal en nuestros hijos, podrían solucionarse cuando revertimos la causa que las está provocando —que puede ser: sentimiento de falta de afecto, falta de atención, comentarios comparativos, etc. por la llegada de un hermano a la familia, así como ocupaciones de los padres en el trabajo o en la casa—.

Primero que nada, recordemos que no solucionamos el problema cuando le damos atención al niño en los momentos en que presenta la conducta inadecuada, pues le reforzamos que su manera de conseguir la atención de los padres es a través de ese comportamiento —que puede ser llantos, peleas o regresiones (como despertares nocturnos, necesidad del chupón o descontrol de esfínteres)—.

Antes que nada, debemos razonar sobre los momentos en los que suelen aparecer esos comportamientos. Por ejemplo: la hermana pequeña no deja hacer la tarea de los mayores con tranquilidad, entonces los mayores pelean con ella y se quejan. En lugar de regañar a los niños, los padres podrían ingeniarse un modo de lograr que no se siga repitiendo la situación, invitándolos a dialogar en busca de soluciones; así se sentirán tomados en cuenta y queridos por sus padres quienes se preocupan del hecho y quizás se logre avanzar al encuentro de soluciones, como poner a la pequeña a pintar a lado de ellos, llevarla a otro espacio con alguna película que la entretenga o establecer en ese tiempo algo de su rutina como el baño o la merienda.

Finalmente, comparto algunos tips sobre lo que se debe hacer y sobre lo que se debe evitar cuando nos damos cuenta de la presencia de los celos en alguno de los hijos[75]:

---

[75] IFFD (2013). *Conflictos psicológicos.* Programa de Orientación Familiar Primeras Conversaciones.

LO QUE HAY QUE EVITAR:

- Verter toda la atención en el bebé porque los mayores "no necesitan tanta dedicación".

- Protestar delante de los demás hermanos, pero decir en otro momento que el pequeño "nos tiene enamorados" o elogiar constantemente las gracias del pequeño.

- Negarse a que los mayores cuiden del pequeño.

- Exigir por encima de las fuerzas de cada uno de los hijos.

- Comparar.

LO QUE SE DEBE HACER:

- Desviar la atención hacia el niño menos dotado.

- Dar encargos a los mayores proporcionados a su edad, relacionados al nuevo hermanito.

- Crear entre los hermanos espíritu de equipo: cada quien tiene su puesto.

- Ayudarles a alegrarse por las cosas buenas del otro.

- Observar las actitudes de los parientes, ¡cuidado con las diferencias!

- Estar atentos a los regalos que se hacen.

- Valorar positivamente la más pequeña colaboración en las tareas de la casa.

- Recordar que los límites y normas son para **todos**.

- Afrontar con alegría las pequeñas asperezas de la convivencia diaria.

- Volcarse en **cariño** hacia el niño que pasa "la gripe de los celos".

Y no olvidemos que muchas de las peleas o conductas que presentan nuestros hijos producto de los celos se podrían prevenir con tan sólo *hacerles sentir bien atendidos y queridos cada día*. Los celos podrían durar hasta la adolescencia y aún más lejos... por eso recordemos que *la fuerza del **amor** apaga o disminuye cualquier celo*.

¿CÓMO ES NUESTRA IDENTIDAD FAMILIAR EN LA ACTUALIDAD?

Ahora, partiendo de toda la información que he compartido a lo largo del libro, los invito a que en el siguiente espacio (o en una hoja aparte) escriban cómo se reconocen como familia. Por ejemplo: somos una familia alegre, ordenada, trabajadora, estudiosa, aventurera, nos gusta la lectura, los deportes, cocinar, etc.

¿CÓMO ES NUESTRA IDENTIDAD FAMILIAR EN LA ACTUALIDAD?

¿QUÉ NOS GUSTARÍA AGREGAR PARA COMPLEMENTAR NUESTRA IDENTIDAD FAMILIAR?

Y en el siguiente espacio (o en una hoja aparte), les invito a redactar la visión de sus familias. Escriban cómo les gustaría ser o qué cosas les gustaría agregar o implementar en sus familias. Como, por ejemplo: trabajar la generosidad, profundizar en la vida de fe, implementar tales tradiciones familiares, valores o hábitos, luchar contra tales vicios y corrientes negativas, mejorar la comunicación, querernos cada día un poco más, etc.

PLAN DE ACCIÓN

Llegamos a los planes de acción, como les había prometido. Esta herramienta nos proporciona una estructura para trabajar con constancia hacia el alcance de nuestros objetivos. Por eso, a continuación, dejaré unos ejemplos de cómo elaborar y ejecutar planes de acción. A fin de cuentas, con estos podemos ir implementado todo lo que hemos ideado y lo que hemos pensado que queremos lograr y que sea parte de nuestra identidad familiar.

Por último, dejaré una plantilla para que puedan replicar o elaborar algún plan de acción y finalmente pongan en práctica lo que hayan podido aprender con este libro.

1. Fomentar el respeto entre dos hermanas:

Situación: dos hermanas que en ocasiones enfrentan ciertas rivalidades. Se quiere que se lleven mejor y que no ocurran esas situaciones.

Objetivo general: fomentar el respeto entre hermanos.

Objetivo específico: que ambas mejoren su relación.

Medios:

- Fomentar alguna actividad de mamá e hijas donde las hermanas hagan equipo, como preparar postres juntas una vez a la semana, para luego poder compartirlo con la familia.

- Ayudar a la hermana mayor a que comparta más sus cosas y su tiempo con su hermana menor.

- Recordarle a la pequeña que no siempre puede pedir prestadas las cosas de su hermana y alentarla a que realice otras actividades ella sola. Así como enfatizar que tampoco debe tomarlas sin avisar.

- Decirle a la mayor que pida ayuda antes de faltarle el respeto a su hermana si ha agarrado algo suyo sin su permiso.

Motivación:

- Explicarles a ambas que el ambiente de la casa va a ser mucho más agradable y que se sentirán más contentos todos, tanto ellas como los que les rodeamos.

- Mostrarles con ánimo lo bien que lo podrían pasar si hacen las actividades juntas y en equipo.

Desarrollo:

Se habló a solas con las dos hermanas, comentándole a cada una sobre el plan.

Van varias semanas preparando un postre para el fin de semana. Ha sido divertido porque mamá e hijas se han distraído con una actividad innovadora para ellas y se han compenetrado.

Las primeras veces se notaba cierta competitividad en cuanto a quién hacía una u otra parte del postre. Pero esto fue mejorando las veces siguientes y poco a poco cada una se mostraba a gusto con su participación.

Además, esto las ha llevado a inventar otras cosas juntas como manualidades y actividades de arte, cuestión que surgió por parte de la mamá como una manera de reforzar el buen trato que se estaba dando entre ellas.

Resultados:

Luego de varias semanas preparando un postre juntas, ambas muestran estar más contentas entre ellas. Ha bajado un poco la presión sobre tener que imponerse en cuanto a preferencias de juegos o uso del tiempo libre.

Se ha roto el ciclo de peleas durante este tiempo y se ha notado cómo se tratan con más respeto.

Sin embargo, hay que seguir trabajando a la pequeña para que respete las cosas de su hermana mayor y que no las agarre sin permiso, pues generalmente sucede que se pierde algo importante para la grande o se desgasta.

2. Mejorar el orden en la casa:

Situación: los niños dejan las cosas fuera de su lugar. En general se nota un ambiente desordenado en casa.

Objetivo general: fomentar el orden en la casa.

Objetivo específico: que los niños aprendan a ser más ordenados a través de algunas acciones específicas como poner la ropa sucia en la cesta, dejar los zapatos ordenados y en su sitio, devolver las cosas utilizadas al lugar donde corresponde, mantener el carro y los espacios comunes de la casa limpios.

Medios:

- Se convocará a una reunión familiar para hablar del plan de acción, en la cual cada uno dirá qué es para ellos el orden y si notan que nuestra casa tiene oportunidades de mejora en ese aspecto.

- Hacer una lista en una pizarra con los aspectos que trabajaremos: ropa sucia, baño, cuarto, objetos y carro.

- Colocaremos encargados para cada uno de los aspectos (y cada uno podrá escoger el de su preferencia). El encargado no es quien tendrá que ordenar las cosas, sino que estará pendiente de avisar si nota que no se está cumpliendo con el orden de dicho aspecto.

- Mamá o papá dirán en cualquier momento del día: "ronda de orden". Entonces todos deberemos ir a revisar los aspectos de la pizarra y ordenar lo que haga falta.

- Se comprarán los materiales que se necesiten para facilitar el orden y la limpieza, tales como cestas de ropa sucia para cada cuarto, cajas para los juguetes, esponjas de secar para los baños y bolsas de basura.

Motivación:

- Hacer ver a los niños que vivir en un ambiente ordenado es mucho más agradable, pues se encontrarán las cosas con facilidad y no perderemos tiempo en su búsqueda. Nuestras cosas se mantendrán mejor y durarán más.

- También se les reconocerá el esfuerzo y se enfatizará sobre lo bien que nos vamos sintiendo. Reforzaremos que cada día se irá haciendo más fácil ser ordenados.

Desarrollo:

Se realizó la reunión y se tuvo una conversación sobre la importancia que tiene una casa para cualquier familia y se hicieron preguntas sobre por qué debemos cuidarla y cómo la podemos cuidar. Se llegó a la idea de que un modo de hacerlo es fomentando el orden.

Se escribieron en la pizarra los aspectos a mejorar en casa y cada uno escogió ser el encargado de uno de ellos.

Se hizo un ejemplo de ronda de orden con los niños para mostrarles cómo debería verse todo y cómo se realiza las distintas tareas que se sugirieron en la pizarra.

Se comenzó a ejecutar el plan de acción ese mismo día.

Resultados:

El primer día, los niños se mostraron resistentes a la idea de hacer un plan de acción sobre el orden. Incluso al momento de la ronda de prueba, varios de ellos mostraron desgano.

Mamá habló con cada uno por separado y pudo motivarlos un poco más.

La primera semana se logró poner en práctica el plan y comenzaron a realizar las distintas tareas cuando se indicaba la ronda de orden.

Sin embargo, todavía los encargados no estaban tan pendientes de avisar cuando algo no se estaba cumpliendo.

Aproximadamente 8 días después, ya empezaron a mostrar más naturalidad en cuanto al plan de acción.

Cada vez que uno de ellos espontáneamente realizaba alguna de las tareas propuestas, se le felicitaba y se aprovechaba de reforzar todo lo bueno que se estaba alcanzando.

Entre otras cosas, mejoró el promedio de salida a los colegios al no tener que estar buscando zapatos o bultos fuera de su lugar.

Finalmente, se decidió mantener otro lapso de tiempo el plan de acción porque realmente no se han logrado avances significativos.

Para ello se propuso hacer más énfasis y acompañamiento en las rondas de orden, también se está evaluando agregar algún premio material para motivarlos un poco más; se propone que el más ordenado de la semana escoja una actividad para fin de semana de su preferencia (ir al cine, a la heladería, al parque, a la playa...)

3. Fomentar la alegría y el autocontrol de los hijos:

Situación: llegaron las vacaciones escolares y comienza la convivencia de manera más intensa. Los niños han comenzado a mostrarse quejosos y poco pacientes. También se muestran más retadores y les cuesta ser obedientes haciendo resistencia antes de cumplir cualquier cosa que se les ha pedido.

Objetivo general: fomentar la alegría y el autocontrol de los niños en casa.

Objetivo específico: que se quejen poco y sean más agradecidos a través de ciertas acciones que les ayuden a ser más pacientes y generosos.

Medios:

- Cuando haya algún amigo invitado en casa, recordar la importancia de tratar bien al invitado (buscar jugar algo que él disfrute así como ofrecerle alguna merienda que le guste).

- Crear un cartel de agradecimientos diarios: invitarlos a anotar diariamente al menos dos cosas buenas que le hayan sucedido durante el día, luego puede compartirlo con todos en la noche antes de dormir.

- Evitar corregir **todas** las veces que alguno no se comporte de la manera esperada para no reforzar la acción negativa (evitar engancharse).

- Si es necesaria la corrección, buscaremos al involucrado de manera individual y le recordaremos lo que estamos trabajando, en un momento en el cual sepamos que será capaz de empatizar y en privado.

- Se les pondrán encargos especiales para las vacaciones, como sacar a pasear al perro o estar pendientes de ponerle comida y agua; cuidar el jardín; poner y quitar la mesa, entre otros.

Motivación:

- Como familia, reconocer y reforzar positivamente cada vez que cualquiera de ellos se esfuerce siendo amable y diciendo palabras como *por favor* antes de mostrar una queja.

- Ser más afectuosos: decirles cuánto los queremos. Pedirles abrazos y darles besos. También decirles lo feliz y afortunada que es nuestra familia.

Desarrollo:

Se hicieron distintas invitaciones de amigos a la casa. Aproximadamente cuatro a lo largo de los últimos meses.

Se hizo el cartel de agradecimiento y también otros de respeto y amabilidad como recordatorios.

Se reforzó varias veces el esfuerzo de los niños percibido en diferentes ocasiones.

Los niños asumieron sus encargos.

Resultados:

Luego de varias invitaciones que se han hecho de amigos a la casa, los niñitos han disfrutado cada vez más. Al principio vimos la dificultad para ponerse de acuerdo entre ellos, por ejemplo si sus amigos preferían jugar con videojuegos en lugar de a la pelota. Cada vez sucedía menos, habiendo aprendido a manejar mejor la situación: un rato de videojuegos y luego algún otro juego.

Se hizo el cartel de valores y se trabajó algunos días, pero no se tuvo mucha constancia.

Por otro lado, nos dimos cuenta de que hace falta incluir un espacio para que puedan expresar lo que les incomoda y que todos también podamos comprenderlo mejor (siempre que se haga de manera respetuosa, lo podrán manifestar). Ese espacio es un tiempo en el cual se les permite demostrar su malestar sin caer en críticas de manera inmediata.

También hay que reforzar el ejemplo que se les da (si les exigimos no quejarse, intentamos nosotros no quejarnos también).

Como papás, hemos tenido una actitud más afectuosa y comprensiva y por eso ellos también han mostrado, con manifestaciones de cariño, su gratitud, pues perciben que, aunque se equivoquen, siempre los queremos y los alentamos individualmente a que sigan mejorando.

Finalmente, se ha notado que descargan bastante energía con sus tareas y que se quejan menos al estar más ocupados.

Notamos que buscan ser más fuertes, como consecuencia de asumir alguna responsabilidad, especialmente la del cuidado de su mascota, a la cual ven sufrir en sus controles con la puesta de vacunas.

4. Replica un plan de acción para tu familia:

Situación:

Objetivo general:

Objetivo específico:

Medios:

Motivación:

Desarrollo:

Resultados:

Epílogo

Ahora sí hemos llegado al final de este libro que fui escribiendo a lo largo del último año, pero que tenía pensado hacer desde hacía mucho más tiempo. Me contó una vez nuestro buen amigo, Rafael, quien trabajó con mi tío abuelo Enrique —gran abogado, ministro de educación, gobernador de Caracas, también primer rector de la UMA— que una vez él le pidió que redactara un recurso sencillo. Viéndolo más de una hora con el lápiz en la mano y el papel en el escritorio sin poder arrancar, mi tío abuelo le dijo: *"no hay distancia más larga que la de la cabeza (cerebro) al papel"*.

¡Esa frase me resonó tantas veces mientras intentaba escribir los capítulos de este libro! Y es que fueron muchos los momentos en los que no lograba teclear una sola palabra... pero tantos otros en que me despertaba por la noche con alguna idea y tenía que correr a escribirla antes de que "se me fuera". Por eso, si has llegado hasta aquí, simplemente quiero decirte: **¡gracias, gracias, gracias!**

Espero que puedan ser útiles todas estas herramientas que nosotros de alguna manera hemos ido incorporando en el camino de la formación de nuestra familia.

Les he mostrado bastante de nuestra personalidad y aunque esta no sea la única manera de educar, el plasmar hechos vida las ideas y los planteamientos que les he mostrado, estoy segura de que les dará luces en su labor de hacer-familia.

Recuerden que entre mejor conozcan su personalidad familiar e identidad y más la hagan vida... más se estarán acercando a ese tan anhelado camino de la **sencillez**. Y es que cuando estamos claros —seguros— de lo que somos y de lo que queremos, dejamos de *improvisar y de pretender* (esto último solo entorpece, porque caemos en complicaciones mientras intentamos mostrar hacia afuera algo que en realidad no es parte de nosotros). Será mucho más fácil como líderes dirigir el camino de nuestras familias hacia el lugar que queremos (pues no queda la duda) e iremos trabajando de manera más natural nuestras tradiciones, valores, estilo, nuestros gustos y los aspectos a desarrollar o mejorar con la finalidad de **autorrealizarnos** como familia y como personas.

Y nunca olvidemos que: ¡VALE LA PENA!

Quisiera terminar el libro con esta frase, que fue la primera que publiqué en mi cuenta de Instagram @hablemosobrefamilia:

**"¿Quieres promover la paz mundial?, ve a casa y ama a tu familia"
(Madre Teresa de Calcuta)**

Agradecimientos

No sé si esto de los agradecimientos es algo que se estila al terminar un libro, no estaba segura de agregarlo, porque no quería correr el riesgo de dejar a nadie por fuera sin querer, y porque no quisiera hacer esto tedioso y largo.

Así es que me lanzo lo más concisa que pueda. En primer lugar, quiero agradecer a mi compañero de vida, Héctor... sin ti, imposible. Gracias sobre todo por enseñarme de confianza, optimismo, pasión, generosidad, liderazgo; gracias por cuidarme, exigirme y **amarme** cada día, gracias por haber insistido los tres meses que me llamaste y no te atendía el teléfono y gracias por dejar de llamarme, porque así me di cuenta de que me estaba perdiendo *el tesoro más grande que he encontrado en mi vida.*

A mis hijos, por empujarme a ser mejor persona. Gracias por sacarme de mi zona de *confort*, por demostrarme una vez más que amar también implica sacrificio. Gracias también por tenerme paciencia —ante todas mis equivocaciones y las veces que he perdido el control—. Gracias por recordarme lo defectuosa que soy, porque gracias a eso me he vuelto más compasiva.

Héctor y Claire, gracias por ser el mejor ejemplo para sus hermanos menores y por exigirles cuando yo me hago la loca porque estoy cansada. *Ustedes son los hijos soñados que cualquier padre desearía tener* —no lo digo sólo yo—. Fueron los primeros bisnietos y, por tanto, consentidos hasta más no poder. Gracias, Héctor, por contagiarme con tu capacidad de querer a la gente y, gracias, Claire, por todos tus abrazos y besos cuando sabes que más los necesito.

Gracias, Pablo. Admiro tu capacidad de decisión, eres el sanduchito más divino. Pasar tiempo en exclusiva contigo es de esas cosas que más disfruto. Gracias por enseñarme que es muy importante aprender a conocernos y que defender los propios derechos es esencial, así como cuidar nuestros sentimientos y expresarlos es una necesidad. *Tú vales oro en polvo.*

Gracias, Joaquín y Antonella. Llegaron a nuestras vidas para una vez más demostrarnos que cuando la familia crece, el amor no se divide, sino que se multiplica. Por primera vez gracias a ustedes dos escuché la frase "son igualitos a ti". Ustedes son el postre de nuestra familia. Me agarraron menos controladora, me desbarato de la risa con sus ocurrencias y disfruto sus etapas como a ninguno. Gracias, Joaquín, por tu bondad y empatía, gracias, Antonella, por saber vivir la vida de la manera más divertida. No quiero que crezcan más... **¡Nunca cambien!**

Papi y mami, no tengo palabras para ustedes dos, *tengo la suerte más grande del mundo por ser su hija.* Gracias por quererme como lo hacen, por siempre estar ahí, por exigirme e impulsarme a hacer las cosas lo mejor que pueda. Y gracias por atajarme todas las veces que me he equivocado para volver a mostrarme el camino. Gracias por enseñarme que para ser feliz no se necesita de mucho, que mientras menos complicaciones, todo se disfruta más. Gracias por su generosidad y ejemplo.

Gracias, Aíto y Mamina, por el amor y el cuidado que siempre le dan a cada uno de sus nietos. Mami, gracias por enseñarme a cuidar de la mejor manera a mis bebés ¡eres *la abuela envidia* de tantos! Y, papi, por enseñarme a conocer el mundo. Gracias por escucharme cuando comenzaba con la frase ¿sabes qué? También gracias por redactar el prólogo de este libro con tanto cariño, plasmando tu marcada visión trascendente de la vida que sin duda ha impreso en mí la constante inquietud por el conocimiento y la búsqueda de la verdad y de Dios.

Hermanos, gracias por todas las aventuras y recuerdos que creamos juntos y que me sacan una sonrisa cada vez que pienso en ellos. Si la vida fuese perfecta, viviríamos todos juntos en el mismo país, pero cada día los pienso. Son los mejores tíos que mis hijos hubiesen podido algún día imaginar. Luis, Carlos, Guille, gracias por siempre estar y mostrarme que puedo ser mejor persona si intento parecerme a ustedes.

A la familia Scannone Moser, cada uno de ustedes son muy importantes para mí. Gracias, Héctor y Susana, por recibirme como una más de sus hijas; gracias por ser los abuelos consentidores, amorosos y aventureros que nuestros niñitos tanto disfrutan. Gracias por esos paseos que hemos hecho juntos y los paseos que hemos podido hacer Héctor y yo escapados repartiéndoles la pandilla con mis papás. Con ustedes he aprendido mucho: el valor del trabajo, la voluntad de hacer las cosas bien y el valor de la familia como el lugar donde todos nos apoyamos y nos hacemos más fuertes.

Mari y Tina, gracias por ser un gran apoyo, las tías más trabajadoras e incondicionales, siempre pendientes de lo que necesitamos. Gracias por acompañarnos en los momentos más especiales e importantes de nuestras vidas, y también por quererme como soy.

Gracias, Elo, por haber sido un abuelo de otro mundo, te extrañamos cada uno de nuestros días. Gracias, Mima, por tus detalles, tu compañía, tu ejemplo y valentía... siempre le digo a Héctor que valió la pena el esfuerzo que hicieron para educar unos hijos tan maravillosos en el Apure de hace 40 años.

A nuestros abuelos... ustedes han sido personas fundamentales en nuestras vidas y familias. Les he nombrado varias veces a lo largo del libro. Gracias por sus enseñanzas, sus historias, su ejemplo y por el gran cariño que siempre nos dan y nos demostraron.

Finalmente, gracias a todo el resto de la tribu: Rafa, Mariandre, Laura, Rafa —los asociados— sin ustedes no sería lo mismo. Gracias por querernos a pesar de nuestro desorden y por siempre estar ahí para abrazar o ayudar a alguno de los Scannone Pérez. Gracias también por nuestros sobrinos y ahijados: ¡los queremos hasta el infinito y más allá!

Gracias a todos nuestros primos, tíos y amigos; ustedes completan nuestras vidas y las hacen exponencialmente más alegres y divertidas.

Y a Lorena, Susmira, Reina, Elizabeth, Bernarda, ustedes saben quiénes son: con su trabajo, con su ayuda, su cariño y su sonrisa en el rostro a lo largo de distintas etapas, han aliviado mi camino y han sido pieza clave de nuestro hogar. Gracias por acompañarnos en la aventura de nuestra familia; ustedes nos han dado mucho más de lo que nosotros podríamos devolverles jamás y estamos muy conscientes de lo afortunados que hemos sido.

Para terminar, gracias Grisel, por la paciencia para corregir el manuscrito y por hacerme las sugerencias que considerabas oportunas desde el principio. También por ayudarme a terminar de darle forma a muchas de las ideas sin perder mi estilo.

A la familia Capriles. Especialmente gracias, Luis Felipe, por impulsarme a imprimir el libro, porque la idea había nacido sólo para publicarse en digital. Y a María Denisse, gracias por aceptar leerme antes de sacarlo a la luz dándome tu visto bueno. Me siento afortunada, pues experiencia en publicaciones sobre familia en Venezuela de la que ustedes tienen, es sencillamente muy difícil de igualar. Gracias a ambos por guiarme y hacer la impresión de este proyecto tan especial para mí.

Gracias, tía Marta —nuestra tía vitamina— por darme la idea de usar dibujos de los niñitos para la portada, y a Katherin, por tu apoyo en la imagen preliminar partiendo del diseño de Claire Isabel. Gracias, Meollo Criollo, por convertir, a través de Ediciones MC, mi manuscrito en una propuesta final de la cual me siento muy contenta y orgullosa. Especialmente gracias, Erika, por coordinar toda la edición de *Educando con Sencillez* y hacer realidad, junto a todo su equipo, el mejor resultado posible del contenido, del diseño de la portada y de la diagramación. Juntarse con los más Cracks siempre es garantía de un trabajo difícil de mejorar.

A todos ustedes que confiaron y se tomaron el tiempo para leerme: ¡GRACIAS! Y gracias, Dios, por haberme sembrado la inquietud de escribir este libro. Gracias, Dios, por mi familia y por haberme regalado la fe —y a todas las personas que me han dirigido y ayudado a crecer en ella desde pequeña—. Dios, eres el que llevas el control de mi vida, el único que en realidad conoce la totalidad de mi interior, aquello que me hace más feliz y aquello que me hace temblar de miedo también... eres quien me ama desde antes de nacer. Sé que nunca nos abandonas, ni tampoco nuestra Madre del cielo, María. Les pido que nos acompañen e iluminen nuestro camino ayudándonos a **ser siempre nuestra mejor versión como personas.**

Para las redes
(Amor-Vida interior-Familia-Persona)

@ipefvenezuela

@iffd_venezuela

@aysedvzla

@familia__360

@simposimatfam

@gottmaninstitute

@5lovelanguages

@canavox4marriage

@grupo.solido

@laopcionv

@revistamision

@marianrojasestape

@marioalonsopuig

@megmeekermd

@aaguilop

@cristian.conen

@tomasmelendo

@franciscus

@vaticannews

@opusdei

@p.juancarlosv

@ewtnespanol

@aleteia_es

@aciprensa

@prageru

@manualparaenamorarse

@10minconjesusal

@escuelaparapadres2020

@padrespormas

@enlasaladademicasa

@familiasinagenda

@gerenciandofamilias

@emilystimpsonchapman

@estherperelofficial

@isis.barajas

@comoserfelizconundostreshijos

@luzmaral

@evacorujo_letyourselves

@nachter

@soyunamadrenormal

@7paresdekatiuskas

Bibliografía

Aciprensa.(2012) *Personas criadas por gays tienen más problemas, revela estudio.* EWTN News, Inc. Recuperado de: https://www.aciprensa.com/noticias/personas-criadas-por-gays-tienen-mas-problemas-revela-estudio

Aguiló, A. (2014). *Educar el carácter.* Madrid: Palabra.

Aristóteles. *Ética a Nicómaco,* siglo IV a. C. Libro VIII, Sobre la amistad.

Balbín, Rafael María. (2023). *En favor de la familia.* Caracas: Luis Felipe Capriles Editor.

Bautista de Alemán, Paola. *La Gran Aldea.* (8 de mayo de 2023). Lo que esconden los susurros. Recuperado de: https://lagranaldea.com/2023/05/08/lo-que-esconden-los-susurros/

Benedicto XVI (2008). *Paz en la familia.* Madrid: Opusdei.org. Recuperado de: https://opuesdei.org/es/article/2008-paz-en-la-familia/

Bochaca, J. (2017) *Conoce su carácter y mejóralo* (2da ed.) Madrid: Palabra.

Calderero, J. (1996). *Los buenos modales de tus hijos pequeños.* (3ra ed.) Madrid: Palabra.

Canavox (2019). *Arte de la intimidad sexual del matrimonio.* EEUU:Canavox. Recuperado de https://canavox.com/wp-content/uploads/2019/12/El-Arte-de-la-Intimidad-Sexual-en-el-Matrimonio.pdf

Canavox (2015). *Consejos para hablar de sexo con los niños.* Publicación independiente.

Chapman, G. (2017) *Los 5 lenguajes del amor.* Colombia: Unilit.

Christiansen, N. y Christiansen, F. (2023). *Educar para la vida honesta.* [Archivo de video]. Instagram. https://www.instagram.com/tv/CrQprNqJtMm/?igshid=YjNmNGQ3MDY=

CIVICA (2014). *La ideología de género perjudica a los niños.* Informe del colegio Americano de Pediatría. Recuperado de: http://civica.com.es/bioetica/la-ideologia-de-genero-perjudica-los-ninos-informe-del-colegio-americano-de-pediatria/

Conen, Cristian. SalcantayTV. (16 de octubre de 2017). *Claves para ser felices y hacer felices a las personas que queremos* [Archivo de video]. Youtube. https://www.youtube.com/watch?v=qcaakpsJ91g

Degwitz, M. y Mariño, A. Sin Atajos. (18 de julio de 2022). *Cómo implementar la disciplina en casa* [podcast]. Spotify. https://open.spotify.com/episode/Ofgjh5mS4Kq4HycIXkQlxV?si=4J9lIPEwSy2o6_EJlPpJrw

Degwitz, M. y Mariño, A. Sin Atajos. (7 de febrero de 2023). *Hablemos de lo íntimo, lo privado y lo público.* [podcast]. Spotify. https://open.spotify.com/episode/1Ud3JRxCSOhGwM2ivmZlz7?si=Smgx8hm3RpqpJF93lwgabA

Del Real, J. (2018). *La ciencia afirma que las relaciones duraderas se reducen a 2 cualidades básicas.* Colombia: UPSOCL. Recuperado de http://www.upsocl.com/comunidad/la-ciencia-afirma-que-las-relaciones-duraderas-se-reducen-a-2-cualidades-basicas/

DIRECTIVOS CEDE. (12 de noviembre de 2021). Marian Rojas: *el efecto de la tecnología y las redes sociales* [Archivo de video]. Youtube. https://www.youtube.com/watch?v=VWkSMHoK-Ns (min.14´44).

Franco, Ana María. (2023). *Las 5 etapas de la crianza.* [Archivo de video]. Instagram. https://www.instagram.com/reel/CnUt4gFKqED/?igshid=YmMyMTA2M2Y=

Gottman, J. (2023) *Small Things Often.* EEUU: The Gottman Institute. Recuperado de https://www.gottman.com/podcast/

Grossman, M. (2011). *Sentido común y sexualidad. Guía para mujeres universitarias sobre el cuidado personal y emocional en un ambiente que promueve el sexo casual.* EEUU: Miriam Grossman, M.D.

Grossman, M. (2015). *El Cachorro Blanco y Negro. Una historia sobre la biología del amor.* EEUU: El Centro para Integridad de la Medicina en la Educación de la Intimidad.

IFFD (2013). *Temperamento y carácter de los hijos.* Programa de Orientación Familiar Primeras Conversaciones.

IFFD (2013). *Conflictos psicológicos.* Programa de Orientación Familiar Primeras Conversaciones.

Javaloyes, Juan José. EFA el Campico. (2014). *Educar sin tiempo.* [Archivo de video]. Youtube. https://www.youtube.com/watch?v=Ty-IIqK6rNQ

Lafuente, Rafael. Colegio Mayor Jaizkibel (2021). *Te quiero con todo mi... cuerpo.* [Archivo de video] Youtube: https://www.youtube.com/watch?v=WI-8NAjGcvc

Llanes, J. (2012). *Conversaciones con Mons. Escrivá de Balaguer, la mujer en la vida del mundo y de la iglesia (punto 100).* España: RIALP.

Lyford-Pike, A. (1999). *Ternura y firmeza con los hijos*. (5ta ed.) Chile: Universidad Católica de Chile.

Martínez, L. (2022). *El amor es paciente*. España: Makelovehappen. Recuperado de https://makelovehappen.blog/2022/01/09/el-amor-es-paciente/

Meeker, M. (2013). *Los 10 Hábitos de las madres felices* (2da ed.) Madrid: Palabra.

Montessori, M. (1912) *Método Montessori*. Sobre la repetición del ejercicio.

Padres para siempre (2018). *El factor padre-hija*. Conneticut: fathersforgood. Recuperado de http://www.fathersforgood.org/ffg/es/common_challenges/factor.html

Perel, E. (2019). *El dilema de la pareja*. Planeta Publishing.

Rojas Montes, Enrique. (30 de julio de 2022). *Cuantos tipos de inteligencia existen en el ser humano* [Archivo de video]. Youtube. https://www.youtube.com/watch?v=BvhlFBJ2ZL8

Rojas, M. (2018). *Cómo hacer que te pasen cosas buenas*. (15ta ed.) Barcelona: Planeta.

Samuel, A. (2012). *Investigación de las nuevas estructuras familiares y la afirmación "no hay diferencia"*. Princeton: Winst.org. Recuperado de: http://www.familystructurestudies.com/es/summary

Sanchez, I. (2020). *Mujeres brújula en un bosque de retos. Ideas para superar la adversidad*. (2da ed.) Barcelona: Espasa.

Sesé. J (2014). *Formación de la personalidad (I): Una personalidad que se identifique con Cristo*. Opusdei.org. Recuperado de: https://opusdei.org/es/article/una-personalidad-que-se-identifique-con-cristo/

Stimpson, E. (2021). *La mesa católica. La alegría y dignidad de la comida desde la fe*. España: CEU.

The Austin Institute (2014). *The economics of sex*. [Archivo de video] YouTube: https://www.youtube.com/watch?v=cO1ifNaNABY

Witherspoon Institute (2012) *Nuevas estructuras familiares*. Princeton: Winst.org. Recuperado de: http://www.familystructurestudies.com/es/outcomes/